W0243214

Sprache im Blick

Arbeitsbuch Leichte Sprache

Übungen für die Praxis
mit Lösungen

Von
Ursula Bredel und Christiane Maaß

Dudenverlag
Berlin

Die Duden-Sprachberatung beantwortet Ihre Fragen
zu Rechtschreibung, Zeichensetzung, Grammatik u. Ä.
montags bis freitags zwischen 09:00 und 17:00 Uhr.

Aus Deutschland: **09001 870098** (1,99 pro Minute aus dem Festnetz)
Aus Österreich: **0900 844144** (1,80 pro Minute aus dem Festnetz)
Aus der Schweiz: **0900 383360** (3,13 CHF pro Minute aus dem Festnetz)
Die Tarife für Anrufe aus den Mobilfunknetzen können davon abweichen.
Den kostenlosen Newsletter der Duden-Sprachberatung können Sie
unter www.duden.de/newsletter abonnieren.

Bibliografische Information der Deutschen Nationalbibliothek
Die Deutsche Nationalbibliothek verzeichnet diese Publikation in der Deutschen Nationalbibliografie; detaillierte bibliografische Daten sind im Internet über http://dnb.dnb.de abrufbar.

Es wurde größte Sorgfalt darauf verwendet, dass die in diesem Werk gemachten Angaben korrekt sind und dem derzeitigen Wissensstand entsprechen. Für dennoch wider Erwarten im Werk auftretende Fehler übernehmen Autor, Redaktion und Verlag keine Verantwortung und keine daraus folgende oder sonstige Haftung.

Das Wort **Duden** ist für den Verlag Bibliographisches Institut GmbH als Marke geschützt.

Kein Teil dieses Werkes darf ohne schriftliche Einwilligung des Verlages in irgendeiner Form (Fotokopie, Mikrofilm oder ein anderes Verfahren), auch nicht für Zwecke der Unterrichtsgestaltung, reproduziert oder unter Verwendung elektronischer Systeme verarbeitet, vervielfältigt oder verbreitet werden.

Für die Inhalte der im Buch genannten Internetlinks, deren Verknüpfungen zu anderen Internetangeboten und Änderungen der Internetadresse übernimmt der Verlag keine Verantwortung und macht sich diese Inhalte nicht zu eigen. Ein Anspruch auf Nennung besteht nicht.

Alle Rechte vorbehalten. Nachdruck, auch auszugsweise, nicht gestattet.

© Duden 2016 D C B A
Bibliographisches Institut GmbH, Mecklenburgische Straße 53, 14197 Berlin

Redaktion Melanie Kunkel
Autorinnen Prof. Dr. Ursula Bredel, Prof. Dr. Christiane Maaß

Herstellung Maike Häßler
Umschlaggestaltung Büroecco, Augsburg
Satz fotosatz griesheim GmbH
Druck und Bindung Heenemann GmbH & Co. KG
Bessemerstraße 83–91, 12103 Berlin
Printed in Germany

ISBN 978-3-411-75617-9
www.duden.de

Inhalt

Einleitung

Leichte Sprache

Leichte Sprache ist seit einigen Jahren in aller Munde. Informationen über Behörden, Parteiprogramme, Ausfüllhilfen für Formulare oder Nachrichten werden in dieser reduzierten Sprachform des Deutschen angeboten: Einfache grammatische Strukturen, leicht zugängliche Wörter, direkte Leseransprache, eine Aussage pro Satz und nachvollziehbar geordnete Informationen sind nur einige der Eigenschaften, die Leichte Sprache charakterisieren.

Leichte-Sprache-Texte richten sich an Leser(innen), für die allgemein- oder fachsprachliche Texte zu schwer sind und die deshalb an ihr Lesevermögen angepasste Informationen benötigen. Leichte Sprache hat dann **Partizipationsfunktion**, sie ermöglicht Teilhabe.

Adressat(inn)en sind zum einen Personen mit geistiger Behinderung, die nach aktueller Rechtslage in gewissem Umfang sogar einen gesetzlichen Anspruch auf Leichte Sprache haben, der durch das Behindertengleichstellungsgesetz von 2016 noch gestärkt wurde. Hinzu kommen Personen mit anderen Behinderungen (beispielsweise prälingualer Hörschädigung, Aphasie oder Demenz). Aber auch Personen ohne Behinderungen gehören zu den Adressat(inn)en von Leichter Sprache, beispielsweise funktionale Analphabeten oder Lerner(innen) des Deutschen.

Manche dieser Personen werden dauerhaft auf Leichte Sprache angewiesen sein. Für andere wiederum ist sie eine Durchgangsstufe zum Standard. Sie können ihre sprachlichen Fähigkeiten aber nur verbessern, wenn sie ein angemessenes Angebot erhalten. Leichte Sprache hat für sie **Lernfunktion**, sie kann den Weg zum Standard ebnen. Allerdings ist es dann besonders wichtig, dass Leichte Sprache ausschließlich korrektes Deutsch enthält.

Hier kommt auch die dritte Funktion der Leichten Sprache zum Tragen: die **Brückenfunktion.** Leichte-Sprache-Texte ersetzen kein ausgangssprachliches Angebot, sondern ergänzen es. Der Leichte-Sprache-Text sollte in einer Weise aufgebaut sein, die ein Hin- und Herwechseln zwischen allgemein- oder fachsprachlichem Ausgangstext und dem Zieltext in Leichter Sprache ermöglicht. Die Leser(innen) haben dann tatsächlich die Chance, stellenweise oder großflächig auf den Ausgangstext zuzugreifen, und werden nicht auf ein separates »Textuniversum« in Leichter Sprache verwiesen.

Mit dem umfassenden Grundlagenwerk »Leichte Sprache« (Bredel/Maaß 2016a), das auch den wissenschaftlichen Diskurs anstößt, und dem praxisorientierten Ratgeber (Bredel/Maaß 2016b) liegen inzwischen detaillierte Beschreibungen der Leichten Sprache vor. Aber auch sie reichen für eine Professionalisierung der Leichte-Sprache-Praxis noch nicht aus: Wer gute Texte in Leichter Sprache verfassen will, ist auf Übung angewiesen.

Das vorliegende Arbeitsbuch stellt, ergänzend zu den beiden genannten Werken, wichtige Techniken und Strategien der Umsetzung von Texten in Leichte Sprache konzentriert dar und bietet Ihnen vielfältige Übungsmöglichkeiten.

Übersetzen in Leichte Sprache

Manchmal werden Texte direkt in Leichter Sprache geschrieben. Häufiger ist jedoch der Fall, dass schon ein Ausgangstext vorliegt, der aber für die Zielgruppe sprachlich zu schwer ist. Dann wird in Leichte Sprache übersetzt, das heißt, es werden Informationen von einer Sprachform – der deutschen Standardsprache oder einer Fachsprache – in eine andere Sprachform des Deutschen – nämlich Leichte Sprache – übertragen. Die Vorgehensweise ist dem Übersetzen zwischen zwei verschiedenen Sprachen sehr ähnlich, deshalb spricht man auch vom intralingualen (also »innersprachlichen«) Übersetzen.

Hinweis: Als **Ausgangstexte** werden Texte bezeichnet, die übersetzt werden, Textübersetzungen heißen **Zieltexte.**

Wer nun schon einmal versucht hat, einen Text möglichst ohne Informationsverlust in Leichte oder auch nur leichtere Sprache zu übersetzen, weiß, wie schwer das ist. »Leicht« ist Leichte Sprache für den Leser, nicht für den Schreiber. Die Kunst besteht darin, mit einem reduzierten sprachlichen Instrumentarium auch komplexe Informationen möglichst vollständig und dabei verständlich wiederzugeben. Welche Hilfen stehen für das Übersetzen in Leichte Sprache zur Verfügung? Die gängigen Regelwerke, etwa vom Netzwerk Leichte Sprache (BMAS 2013), von Inclusion Europe (2009) oder von der BITV 2.0 (2011), helfen oft nur bedingt weiter. Sie geben zwar Grundorientierungen, sind aber häufig nicht detailliert genug, um den Anforderungen an den Übersetzungsprozess tatsächlich gerecht werden zu können. Und auch viele der bisher vorliegenden Leichte-Sprache-Texte sind noch nicht optimal und können deshalb nicht umstandslos als Muster genutzt werden.

Aufbau des Arbeitsbuchs »Leichte Sprache«

Das Arbeitsbuch folgt einem strukturierten Lernpfad. Das Buch ist so aufgebaut, dass Sie Schritt für Schritt Erkenntnisse aufbauen können, um sich in die wichtigsten Entscheidungsprozesse beim Übersetzen von Texten in Leichte Sprache einzuarbeiten. Das gelingt dann am besten, wenn Sie den Aufgaben in ihrem Ablauf folgen. Es ist ein bisschen wie bei einem Krimi: Auch da ist es möglich, gleich nach hinten zu blättern und nachzusehen, wie der Fall gelöst wird. Aber man vergibt sich die Chance der eigenständigen Erkenntnisgewinnung, des selbstständigen Nachdenkens, des autonomen logischen Schließens – und nicht zuletzt der Freude am Entwicklungsprozess.

Das Arbeitsbuch unterstützt Sie beim schrittweisen Aufbau Ihrer übersetzerischen Kompetenzen mit zwei roten Fäden:

Der erste rote Faden bezieht sich auf die sprachlichen Themen, die Sie bearbeiten. Was Sie sich in einem Kapitel angeeignet haben, werden Sie in den weiteren Kapiteln wieder brauchen. Sie können sich so nach und nach an komplexere Aufgaben machen und die Fragen und Lösungen aus den vorangegangenen Kapiteln für die Weiterarbeit nutzen.

Als zweiter roter Faden dient die Textauswahl. Wir arbeiten mit gleichbleibenden Texten, die immer wieder unter verschiedenen Perspektiven bearbeitet werden.

Die gleichbleibende Textauswahl hat den Vorteil, dass Sie sich beim Üben ganz auf die Sprache konzentrieren können und sich nicht immer wieder neu in verschiedene Wissensgebiete einarbeiten müssen.

Die Texte

Mit der Auswahl der Texte legen wir unserem Arbeitsbuch drei Wissensbereiche zugrunde (Administration/Justiz, Medizin und Information), bei denen momentan ein großer Bedarf an Leichte-Sprache-Übersetzungen besteht.

Dies sind die Ausgangs- und Zieltexte, mit denen wir arbeiten:

- Die Broschüre »vererben – erben« des Niedersächsischen Justizministeriums. Ein Ausschnitt aus dieser Broschüre und der Übersetzung in Leichte Sprache ist in Anhang 1 abgedruckt, die Internetquellen zum Ausgangs- und zum Zieltext finden Sie am Ende dieses Buchs.
- Die Broschüre »Was ist pulmonal-arterielle Hypertonie (PAH)?« des Pharmaunternehmens Actelion (Ausgangstext) bzw. des Klarigo-Verlags (Übersetzung in Leichte Sprache); ein Ausschnitt aus dieser Broschüre und der Übersetzung in Leichte Sprache ist in Anhang 2 abgedruckt, die Internetquellen finden Sie am Ende dieses Buchs.
- Der Nachrichtentext »Unfall im Sand·sturm: Geld·strafe für Lkw-Fahrer« in Leichter Sprache, der im Projekt »NiLS – Nachrichten in Leichter Sprache« des NDR entstanden ist. Der Ausgangstext ist eine Meldung der Nachrichtenagentur dpa. Beide Texte finden Sie vollständig in Anhang 3 dieses Buchs.

Die Quellen aller aufgeführten Zitate geben wir wie folgt an:

ERB-A	Erbrechtsbroschüre (Ausgangstext)
ERB-L	Erbrechtsbroschüre (Leichte Sprache)
PAH-A	PAH-Broschüre (Ausgangstext)
PAH-L	PAH-Broschüre (Leichte Sprache)
SAND-A	Meldung »Sandsturm« (Ausgangstext)
SAND-L	Meldung »Sandsturm« (Leichte Sprache)

Wo Zitate aus didaktischen Gründen verändert wurden, ist dies vermerkt. Hervorhebungen wurden i. d. R. nicht aus dem Original übernommen; hier vorhandene Hervorhebungen stammen, abgesehen vom Fettdruck der Negation **(nicht, nichts, kein)**, meist von uns. Diese Hervorhebungen markieren sprachliche Einheiten, die für die Bearbeitung der jeweiligen Aufgabe den Schwerpunkt bilden. Fehlerhafte Orthografie und Zeichensetzung in den Ausgangstexten haben wir den geltenden Regeln angepasst.

Bei den Aufgaben und Lösungsvorschlägen greifen wir immer wieder auf die schon vorliegenden Übersetzungen (ERB-L, PAH-L und SAND-L) zurück. Die wörtlichen Übernahmen aus diesen Musterübersetzungen sind entsprechend gekennzeichnet. Wenn es darum geht, an ganz bestimmten sprachlichen Strukturen zu arbeiten, fertigen wir eigene Übersetzungen an oder wandeln die bestehenden Übersetzungen ab.

Dieses Verfahren führt dazu, dass Sie zu ein und derselben Textstelle im Ausgangstext je nach Schwerpunktsetzung bisweilen mehrere unterschiedliche Übersetzungslösungen finden werden. Das ist normal und sollte Sie nicht beunruhigen. Es zeigt vielmehr den Gestaltungsspielraum auf, den Sie im Rahmen Ihrer Übersetzung haben.

Sie haben entsprechend jederzeit die Möglichkeit, auch die Musterlösungen zu hinterfragen. Denn eines kann als gewiss gelten: Für die meisten Aufgaben gibt es verschiedene Lösungen. Wir möchten Sie deshalb ausdrücklich ermutigen, eigenständigen Lösungen nachzugehen, sich selbst auf Stärken und Schwächen hin einschätzen zu lernen und von da aus individuelle Wege zu einer professionellen Übersetzungstätigkeit zu gehen.

Die Arbeit an Originaltexten statt an ausgedachten Beispielen hat den großen Vorteil, dass Sie der Übersetzungspraxis, die vor Ihnen liegt, sehr nahe kommen. Die Texte bilden die Komplexität ab, die Ihnen beim konkreten Übersetzen begegnet. Mit diesem Verfahren sind aber gleichzeitig auch mindestens drei Nachteile verbunden:

1. Wenn man an einem ausgewählten Problem arbeiten will, sollte man sich ganz auf dieses Problem konzentrieren können. Sätze aus Originaltexten tun uns aber häufig nicht den Gefallen, sich auf ein Problem zu beschränken; meist treten Problemhäufungen auf. Zum Beispiel wollen wir zeigen, wie man mit Relativsätzen arbeitet, die es in Leichter Sprache nicht gibt und für die deshalb Ersatzkonstruktionen gefunden werden müssen. Die Originalbeispiele enthalten dann aber z. B. noch eine Passivform oder einen Konjunktiv oder bestimmte Wörter, die in Leichter Sprache nicht verwendet werden sollten. Bei den Aufgabenstellungen finden Sie deshalb häufiger Hinweise darauf, dass Sie ein bestimmtes Problem im Ausgangstext für den Moment ignorieren können (z. B. Aufgabe **54**); an anderen Stellen haben wir leichte Abwandlungen des Originaltextes vorgenommen (z. B. Aufgabe **60**) oder mit Auslassungen gearbeitet, die mit drei Punkten in eckiger Klammer ausgewiesen sind (z. B. Aufgabe **30**, Beispiel 2).

2. Wenn man einen Satz aus dem Kontext reißt, um an einem Einzelphänomen zu arbeiten, können Informationslücken entstehen; z. B. kommt in einem Satz, den wir für eine Übersetzung gewählt haben, das Verweiswort *dies* vor, das sich auf vorher Genanntes bezieht. Wir fügen in diesen Fällen die fehlenden Informationen in eckigen Klammern hinzu (z. B. Aufgabe **30**, Beispiel 3). Diese zusätzlichen Informationen dienen Ihrer Orientierung, sie gehören nicht zum Ausgangstext, können aber in den Übersetzungsprozess einfließen.

3. Wir können in diesem Arbeitsbuch aus Platzgründen nur mit Auszügen aus den Originaltexten arbeiten. Auch deshalb haben wir uns, wie unter Punkt 2 dargestellt, entschieden, die Kontextabhängigkeit der Beispiele weitgehend zu reduzieren. Einige Aufgaben beziehen sich aber auf längere Textpassagen. Sie finden sie im Anhang dieses Buchs.

   Zu Übungszwecken empfehlen wir Ihnen, das ständig wachsende Textangebot von Standardtexten und ihrer Übersetzung – beispielsweise im Internet – zu nutzen, indem Sie eigene Übersetzungen mit vorhandenen Leichte-Sprache-Texten vergleichen und Übersetzungsstrategien analysieren und kritisch reflektieren.

Hinweise für die Arbeit mit dem vorliegenden Buch

Das vorliegende Arbeitsbuch erhebt nicht den Anspruch, eine abschließende Professionalisierung herbeizuführen.

Wer das Buch durchgearbeitet hat, hat zwar die aus unserer Sicht wichtigsten Phänomenbereiche ken-

nengelernt, die beim Übersetzen von Texten in Leichte Sprache zu beachten sind, und dafür wichtige Lösungswege eingeübt. Aber erst die Erfahrung mit einer Vielzahl an Übersetzungsprozessen wird die Routine liefern können, die einen souveränen Übersetzer oder eine souveräne Übersetzerin ausmacht. Und selbst bei größter Routine kann es immer wieder zu Schwierigkeiten kommen. Der Profi zeichnet sich nicht dadurch aus, dass er alles richtig macht, sondern dadurch, dass er weiß, wo Probleme liegen und wann er einen Fehler gemacht hat. Die selbstreflexive und selbstkritische Haltung gehört also genauso zum Geschäft wie die Einübung in die Sache. Das vorliegende Arbeitsbuch beginnt mit allgemeinen Fragen zur gesellschaftlichen Bewertungspraxis von Leichter Sprache. Hier können Sie sich darin üben, das Projekt Leichte Sprache selbstkritisch, aber auch selbstbewusst zu vertreten – denn für viele Gesellschaftsmitglieder stellen Texte in Leichter Sprache noch immer eine Provokation dar.
Was können Sie darüber hinaus von dem vorliegenden Arbeitsbuch erwarten?

- Sie erhalten Übungsmöglichkeiten, die Sie in die wichtigsten **Techniken und Strategien** beim Übersetzen von Texten in Leichte Sprache einführen.
- Sie lernen, auf **verschiedenen Sprachebenen** (Wort, Satz, Text) Übersetzungsentscheidungen zu treffen.
- Sie erhalten für die einzelnen sprachlichen Phänomene auf Wort-, Satz- und Textebene Vorschläge für **Übersetzungspfade,** in denen die wichtigsten Entscheidungskriterien in einer Art Checkliste gebündelt werden. Die Übersetzungspfade sind durch eine blaue Unterlegung gekennzeichnet.
- Sie erhalten Hinweise für die **Arbeit mit Auftraggebern.**
- Die Lösungsangebote zeigen Ihnen **Musterlösungen,** an denen Sie sich orientieren können.
- Sie erhalten zugleich die Gelegenheit, **Musterlösungen zu untersuchen** und Alternativen auszuarbeiten.

Für die Bearbeitung der Aufgaben sind Grundkenntnisse der deutschen Grammatik hilfreich. Wir haben uns aber bemüht, die Fachbegriffe und Fachkonzepte so zu erläutern, dass es Ihnen auch mit weniger ausgeprägten Vorkenntnissen gelingen sollte, die praktischen Probleme anzugehen.

Wenn Sie mehr über die Hintergründe erfahren möchten, können Sie diese jeweils im Ratgeber und im Grundlagenwerk nachlesen. An den entsprechenden Stellen finden Sie Verweise auf die einschlägigen Kapitel/Seiten (s. Ratgeber, Kap./S. …; s. Grundlagenwerk, Kap./S. …); die bibliografischen Angaben sind im Quellenverzeichnis aufgeführt.

Zuletzt: Vier Augen sehen mehr als zwei

Wenn Sie die Möglichkeit haben, die Übungen gemeinsam mit anderen Übersetzer(inne)n zu bearbeiten, nutzen Sie diese Chance. Bei der gemeinsamen Diskussion über denkbare Lösungen zeigen sich die möglichen Perspektiven auf die jeweiligen Phänomene oft besser als in der individuellen Arbeit. Nutzen Sie das Vieraugenprinzip auch für die Überprüfung Ihrer Übersetzungsergebnisse. Gerade wegen der Vielfältigkeit von Übersetzungsoptionen und wegen der Gefahr, bestimmte Probleme zu übersehen, sollten Sie, wo immer es möglich ist, kooperative Lösungen anstreben. Das Vieraugenprinzip ist auch beim Übersetzen zwischen verschiedenen Sprachen Standard: Die internationale Norm ISO 17100 von 2015 schreibt für Übersetzungsdienstleistungen zwingend die Korrektur einer jeden Übersetzung durch einen Kollegen oder eine Kollegin vor (s. Ratgeber, Kap. 5.4.7).

Über die Autorinnen

Ursula Bredel ist Sprachwissenschaftlerin und Deutschdidaktikerin. Sie ist Spezialistin für deutsche Grammatik und hat zur Interpunktion und zum Leseerwerb geforscht. Christiane Maaß ist Sprach- und Übersetzungswissenschaftlerin und leitet die Forschungsstelle Leichte Sprache. Beide Autorinnen sind Professorinnen an der Universität Hildesheim.

1. Urteile und Vorurteile über Leichte Sprache – und wie man ihnen begegnen kann

Die ersten drei Aufgaben befassen sich mit Bewertungen der Leichten Sprache, die häufig kritischen Fragen ausgesetzt ist (s. Grundlagenwerk, Kap. 1.2).

Aufgabe 1: Kulturzerfall durch Leichte Sprache?

Sie sind auf einer Party eingeladen. Das Gespräch kommt auch auf barrierefreie Kommunikation und auf Leichte Sprache. Einer der Wortführer des Gesprächs beklagt, dass Leichte Sprache erheblich zur Verdummung der Bevölkerung und zum Zerfall der Sprache beitrage. Er pocht auf kulturell hochwertige Sprachangebote und die lange und intensive Tradition des Deutschen als Kultursprache. Zugleich meint er, dass sich alle Gesellschaftsmitglieder der Anstrengung zu unterziehen hätten, standardsprachliche Angebote lesen und verstehen zu können. Ein reduziertes Angebot verleite zu sprachlichem Schlendrian und befördere den Kulturzerfall.

Welche Argumente halten Sie ihm entgegen?

Aufgabe 2: Richtiges Deutsch?

Sie verhandeln mit einem Auftraggeber, der einerseits die Notwendigkeit sieht, Texte in Leichte Sprache zu übersetzen, andererseits aber auch ängstlich ist, was mit seinen Texten geschieht. Er will von Ihnen vor allem wissen, ob die Texte in Leichter Sprache tatsächlich in korrektem Deutsch verfasst sind. Was antworten Sie ihm?

Aufgabe 3: Einen Leserbrief schreiben

Der Philosophieprofessor Konrad Paul Liessmann äußert sich in seiner Kolumne bei der Neuen Zürcher Zeitung (20. 7. 2016) über Leichte Sprache. Er schreibt unter anderem:

»Heute muss alles leicht gehen. Sich anzustrengen, ist verpönt, noch verpönter ist es, jemandem eine Anstrengung abzuverlangen. Bis zu 40 Prozent der Erwachsenen, so lesen wir, sind des Lesens und Schreibens so entwöhnt, dass sie normalen schriftlichen Kommunikationen nicht mehr folgen können. Zwar sollten diese Menschen in der Schule einmal die grundlegenden Kulturtechniken erworben haben, aber wer diese nicht ständig nützt, verliert offenbar diese Fähigkeiten wieder. Nun könnte man versuchen, davon Betroffene wieder an die Sprache, an anspruchsvollere Texte, an Bücher heranzuführen – aber das wäre für alle Beteiligten viel zu anstrengend. Einfacher ist es, alles zu vereinfachen. Da kommt das für geistig Behinderte und sprachunkundige Migranten entwickelte Konzept der ›Leichten Sprache‹ gerade recht.«

Schreiben Sie einen Leserbrief an die Neue Zürcher Zeitung, in dem Sie die Position von Konrad Paul Liessmann aufgreifen. Was können Sie entgegnen?

2. Ein Übersetzungsauftrag

Normalerweise übersetzen Sie nicht beliebige Texte in Leichte Sprache, sondern Sie erhalten einen konkreten Auftrag von einem Unternehmen oder von einer Institution, die einen oder mehrere Texte in Leichter Sprache benötigt. Deshalb beginnt dieses Kapitel mit dem Durcharbeiten eines fiktiven Arbeitsauftrags.

Uns ist bewusst, dass Sie für die Bearbeitung der Aufgaben 4 und 5 und auch für die Bearbeitung von Aufgabe 9 möglicherweise noch nicht alle Instrumente beisammen haben, die Sie benötigen. Die Aufgaben dienen der Einstimmung auf die komplexen Anforderungen, denen Übersetzer(innen) gegenüberstehen und öffnen den Fragehorizont, der beim Übersetzen von Texten in Leichte Sprache zu beachten ist.

Mit der Bearbeitung der Aufgaben ab Kapitel 3 werden Sie wichtige Instrumente für die Übersetzung von Texten in Leichte Sprache kennenlernen und Ihre Perspektive auf den Übersetzungsprozess zunehmend professionalisieren.

Aufgabe 4: Reflexion eines Übersetzungsauftrages

Stellen Sie sich vor, Sie haben von einem Verlag den Auftrag erhalten, eine Broschüre für Patient(inn)en in Leichte Sprache zu übersetzen. Die Broschüre erhalten die Patient(inn)en im Rahmen des Aufklärungsgesprächs vom behandelnden Arzt / von der behandelnden Ärztin. Sie wird auch in Leichter Sprache in gedruckter Form vorliegen und soll vom Layout so weit wie möglich an den Ausgangstext angepasst werden. Für die Broschüre steht maximal die doppelte Seitenzahl zur Verfügung wie im Ausgangstext.

Welche Schritte/Arbeitsgänge müssen Sie einplanen?

Aufgabe 5: Eine Textpassage übersetzen

Ihre konkrete Aufgabe besteht nun darin, einen Textabschnitt aus der Broschüre über die pulmonal-arterielle Hypertonie (PAH) in Leichte Sprache zu übersetzen. Der ausgewählte Abschnitt (PAH-A, S. 4) klärt über Anzeichen und Symptome von PAH auf; Sie gehen also mitten in den Text hinein und starten nicht mit einer allgemeinen Erklärung des Krankheitsbildes, sondern mit der Symptombeschreibung.

ÜBER PAH

ANZEICHEN UND SYMPTOME

INWIEWEIT KANN SIE DIE PAH BEEINTRÄCHTIGEN?

Die Anzeichen der PAH beginnen zunächst unscheinbar. Die ersten, leichten Anzeichen haben Sie vielleicht zunächst bei körperlicher Aktivität bemerkt, wie z. B. beim Treppensteigen, Laufen, Bergaufgehen oder Taschentragen. Wenn die PAH weiter fortschreitet, können diese Anzeichen häufiger und intensiver auftreten. Die PAH ist eine Erkrankung, die sich mit der Zeit verschlimmern kann. Sie werden eventuell feststellen, dass Ihre Symptome Ihre täglichen Aktivitäten einschränken. Sie können gute und schlechte Tage haben. Doch es gibt bestimmte Behandlungen, die Ihnen helfen können, Ihren Alltag zu meistern.

Zu den häufigen Anzeichen und Symptomen der PAH zählen:

- Kurzatmigkeit, insbesondere bei körperlicher Aktivität, wie z. B. Bergaufgehen oder Treppensteigen
- Gefühl von Müdigkeit
- Schwindelgefühl

Andere Anzeichen und Symptome, die Sie eventuell auch beobachten werden, sind u. a.

- Beschwerden oder Schmerzen in der Brust
- Ein schneller und/oder unregelmäßiger Herzschlag (auch als Palpitation bezeichnet)
- Benommenheit oder Ohnmacht
- Geschwollene Arme, Beine oder Knöchel (auch als Flüssigkeits-/Wassereinlagerung oder Ödem bezeichnet)

Sie können lernen, wie Sie mit Ihren Symptomen umgehen müssen und wie diese behandelt werden können, damit Sie weiterhin die meisten Dinge tun können, die Sie möchten.

Orientieren Sie sich bei Ihrer Übersetzung an den Vorgaben der Barrierefreie-Informationstechnik-Verordnung von 2011 (BITV 2.0 2011), die als erster Verordnungstext in Deutschland Vorgaben zur Leichten Sprache macht. Diese Vorgaben sind oft Teil öffentlicher Ausschreibungen von Leichte-Sprache-Übersetzungsaufträgen. Es lohnt sich daher, dass Sie sich damit vertraut machen. In Anlage 2, Teil 2 heißt es dort:

1. *Abkürzungen, Silbentrennung am Zeilenende, Verneinungen sowie Konjunktiv-, Passiv- und Genitiv-Konstruktionen sind zu vermeiden.*
2. *Die Leserinnen oder Leser sollten, soweit inhaltlich sinnvoll, persönlich angesprochen werden.*
3. *Begriffe sind durchgängig in gleicher Weise zu verwenden.*
4. *Es sind kurze, gebräuchliche Begriffe und Redewendungen zu verwenden. Abstrakte Begriffe und Fremdwörter sind zu vermeiden oder mit Hilfe konkreter Beispiele zu erläutern. Zusammengesetzte Substantive sind durch Bindestrich zu trennen.*
5. *Es sind kurze Sätze mit klarer Satzgliederung zu bilden.*
6. *Sonderzeichen und Einschübe in Klammern sind zu vermeiden.*
7. *Inhalte sind durch Absätze und Überschriften logisch zu strukturieren. Aufzählungen mit mehr als drei Punkten sind durch Listen zu gliedern.*
8. *Wichtige Inhalte sind voranzustellen.*
9. *Es sind klare Schriftarten mit deutlichem Kontrast und mit einer Schriftgröße von mindestens 1.2 em (120 Prozent) zu verwenden. Wichtige Informationen und Überschriften sind hervorzuheben. Es sind maximal zwei verschiedene Schriftarten zu verwenden.*
10. *Texte werden linksbündig ausgerichtet. Jeder Satz beginnt mit einer neuen Zeile. Der Hintergrund ist hell und einfarbig.*
11. *Es sind aussagekräftige Symbole und Bilder zu verwenden.*
12. *Anschriften sind nicht als Fließtext zu schreiben.*
13. *Tabellen sind übersichtlich zu gestalten.*

Ausführungen zu den Regeln der BITV 2.0 und den existierenden Praxisregelwerken finden Sie im Ratgeber (Kap. 2.4), im Grundlagenwerk (Kap. 3) sowie in Maaß (2015).

Meine Übersetzung:

Aufgabe 6: Den eigenen Übersetzungsprozess reflektieren

Reflektieren Sie Ihren Übersetzungsprozess: An welchen Stellen ist Ihnen das Übersetzen flüssig von der Hand gegangen; an welchen Stellen sind Sie ins Stocken geraten? Welche Lösungsstrategien haben Sie verwendet, um Probleme zu überwinden?

Aufgabe 7: Versionenvergleich

Vergleichen Sie Ihre eigene Übersetzung mit dem Übersetzungsvorschlag aus den Lösungen. Welche Ähnlichkeiten stellen Sie fest? Wo unterscheiden sich die Versionen am deutlichsten?

Ähnlichkeiten

Mein Text	Übersetzungsvorschlag aus den Lösungen

Unterschiede

Mein Text	Übersetzungsvorschlag aus den Lösungen

Aufgabe 8: Übersetzungsreflexion

Beantworten Sie die folgenden Fragen so ehrlich wie möglich. Es geht nicht darum, möglichst gut abzuschneiden, sondern darum, Sensibilität für den eigenen Lernprozess zu gewinnen: Worauf haben Sie bereits Ihre Aufmerksamkeit gerichtet? Was haben Sie noch nicht beachtet?

Die folgende Frageliste gibt Ihnen gleichzeitig eine Vorschau auf die Kapitel des Arbeitsbuchs, das Übungsmöglichkeiten zur Textebene, zur Satzebene, zur Wortebene und zur typografischen Ebene bietet.

	trifft voll zu	trifft überwieg. zu	trifft teilweise zu	trifft nicht zu
Fragen zur Textebene:				
Konnte ich alle Informationen in den Zieltext übertragen?				
Habe ich die Leser persönlich angesprochen?				
Habe ich Zwischenüberschriften benutzt?				
Fragen zur Satzebene:				
Habe ich auf Nebensätze verzichtet?				
Habe ich komplexe Nominalgruppen wie »die Anzeichen der PAH« vermieden?				
Habe ich den Konjunktiv vermieden?				
Habe ich Passiv vermieden?				
Habe ich Negationen vermieden?				
Fragen zur Wortebene:				
Habe ich Fremdwörter vermieden?				
Habe ich Fachwörter erklärt?				
Enthält mein Text noch lange Wörter?				
Habe ich solche langen Wörter (Beispiel: *Treppensteigen*) optisch untergliedert?				
Fragen zur optischen Gestaltung:				
Habe ich nur einen Satz pro Zeile geschrieben?				
Habe ich Gliederungspunkte verwendet?				
Habe ich mit Bildern gearbeitet?				

Aufgabe 9: Die Zielsituation beachten

Sie sollen für einen Schulbuchverlag Lehrwerkstexte in Leichte Sprache übersetzen. Worauf müssen Sie besonders achten?

3. Wörter in Leichter Sprache

Beim Übersetzungsprozess greifen Entscheidungen auf allen Ebenen ineinander. Normalerweise gehen Übersetzer(innen) dabei vom Großen zum Kleinen vor; kleine Entscheidungen (z. B. welches Wort verwende ich, welche Satzform ist sinnvoll?) werden auf der Grundlage des angestrebten Gesamttextes getroffen.

Will man das Übersetzen lernen, gilt es aber zunächst, die Instrumente kennenzulernen, die in Leichter Sprache überhaupt zur Verfügung stehen. Wir gehen deshalb den Weg vom Kleinen zum Großen und beginnen mit der Wortebene. Weitere Ausführungen zur Wortwahl und zur Wortgliederung in Leichter Sprache finden Sie im Ratgeber (Kap. 6) und im Grundlagenwerk (Kap. 8.2 und 9).

Die optische Gliederung komplexer Wörter

Bei Texten in Leichter Sprache springt eines sofort ins Auge: Die Trennung komplexer Wörter mit dem Bindestrich *(Binde-Strich)* oder mit dem Mediopunkt *(Medio·punkt)*. Das Netzwerk Leichte Sprache und Inclusion Europe schlagen in ihren Regelwerken die durchgängige Verwendung des Bindestrichs vor. Wir empfehlen Ihnen statt des Bindestrichs den Einsatz des Mediopunkts, und zwar überall dort, wo der Bindestrich zu standardsprachlich nicht korrekten Schreibungen führt oder gar falsche Assoziationen hervorrufen könnte wie in *Bundes-Tag* oder *Fahr-Zeuge*.

Aufgabe 10: Wortgliederung mit Bindestrich und Mediopunkt

Noch unabhängig davon, ob der Bindestrich oder der Mediopunkt verwendet wird: Welche Vorteile hat Ihrer Meinung nach die optische Gliederung von Wörtern für schwache Leser(innen)?

____

____

____

____

____

Aufgabe 11: Bindestrich und Mediopunkt – Vor- und Nachteile

Überlegen Sie auf der Grundlage der folgenden Wortbeispiele aus der PAH-Broschüre, welche Vorteile und welche Nachteile der Bindestrich und der Mediopunkt haben.

Bindestrich	Mediopunkt
Treppen-Steigen	Treppen·steigen
Schwindel-Gefühl	Schwindel·gefühl
Ohn-Macht	Ohn·macht

Bindestrich:

____

____

____

____

____

____

Mediopunkt:

____

____

____

____

____

____

Aufgabe 12: Wörter gliedern

In der PAH-Broschüre kommen neben den Wörtern aus Aufgabe **11** noch andere komplexe Wörter vor. Eventuell würden Sie einige davon gar nicht in Ihrer Übersetzung verwenden. Es könnte aber sein, dass Ihr Auftrag darin besteht, möglichst viele der im Text vorkommenden Wörter zu erhalten, weil sie für die spätere Kommunikation mit dem Patienten oder der Patientin gebraucht werden. Überlegen Sie, bei welchem Wort Sie eine innere Gliederung vornehmen würden. An welcher Stelle würden Sie den Bindestrich oder den Mediopunkt setzen?

	Wort in Leichter Sprache
Kurzatmigkeit	
unregelmäßig	
bergauf	
Wassereinlagerung	
Flüssigkeitseinlagerung	
Erkrankung	
verschlimmern	

Die Auswahl der passenden Wörter

In Aufgabe **11** hatten wir den sehr speziellen Fall konstruiert, dass der Auftraggeber Sie bittet, möglichst viele Wörter aus dem Ausgangstext in den Zieltext zu übernehmen. Eine solche Auftragslage kann vorkommen. Häufig sind Sie bei der Übersetzung aber freier, sodass Sie, bevor Sie sich die Frage nach der inneren Gliederung von Wörtern stellen, entscheiden müssen, welche Wörter Sie überhaupt in Ihrem Zieltext verwenden wollen. Bei dieser Entscheidung muss man häufig zwischen verschiedenen Ausdrücken wählen, die sich ähnlich sind, also ein Wortfeld bilden (z. B. *Hilfe, Unterstützung, Stütze, Hilfsangebot*). Die Auswahl, die Sie für Leichte Sprache treffen, orientiert sich am zentralen Vertreter eines Wortfeldes. Um diesen zentralen Vertreter zu ermitteln, können Sie sich an folgenden Kriterien orientieren:

Wörter, die im Zentrum eines Wortfeldes stehen und deshalb grundsätzlich für Leichte Sprache geeignet sind, sind solche, die …

(a) … häufig vorkommen.
(b) … eine allgemeine, leicht zugängliche Bedeutung haben.
(c) … aus wenigen Wortbausteinen bestehen.
(d) … zum Kernwortschatz des Deutschen gehören, also keine Fremdwörter sind.

Die Kriterien (a) bis (d) bieten Ihnen eine Art Schnellverfahren an. Im Ratgeber (Kap. 6.1) und im Grundlagenwerk (Kap. 9.2.1) finden Sie weitere Kriterien zur Ermittlung von zentralen Wortfeldvertretern, mit denen Sie Ihre Auswahl verfeinern können.

Die Vorkommenshäufigkeit eines Wortes kann mit dem elektronischen Portal »Wortschatz Universität Leipzig« (http://wortschatz.uni-leipzig.de) geprüft werden. Dabei gilt: Je niedriger die Häufigkeitsklasse, desto häufiger das Wort. Nehmen Sie ergänzend dazu die Häufigkeitsskala auf Duden online (http://www.duden.de) hinzu. Hier gilt: Je höher der Skalenwert, desto häufiger ist ein Wort in Gebrauch. (s. Ratgeber, Kap. 5.4 und 6.1)

Aufgabe 13: Wortauswahl/Häufigkeit

Sie wollen entscheiden, ob Sie das Wort *Erkrankung* oder *Krankheit* verwenden. Überlegen Sie zunächst, welches davon Sie intuitiv auswählen würden. Überprüfen Sie die Vorkommenshäufigkeit der konkurrierenden Wörter dann auf dem Wortschatzportal der Universität Leipzig (1) und auf Duden online (2). Wiederholen Sie die Übung mit den Wörtern *Symptom, Anzeichen* und *Zeichen*.

	Häufigkeitsklasse Leipzig	Skalenwert Duden online
Erkrankung		
Krankheit		
Symptom		
Anzeichen		
Zeichen		

Aufgabe 14: Differenzierte Wortauswahl

Füllen Sie für die Wörter *Symptom, Anzeichen* und *Zeichen* die nachfolgende Tabelle aus. Tragen Sie bei der Häufigkeit (a) die Häufigkeitsklasse des Leipziger Wortschatzportals ein, die Sie oben bereits ermittelt haben. Bei den anderen Kriterien, (b), (c) und (d), vergeben Sie ein Plus (+), wenn ein Wort auf ein Kriterium besonders gut passt, ein Minus (–), wenn es weniger gut passt.

	(a) Häufigkeit	(b) allgemeine Bedeutung	(c) wenige Wortbausteine	(d) Kernwort
Zeichen				
Anzeichen				
Symptom				

Aufgabe 15: Wortverwendung

Sie stehen vor der Situation, dass Sie das präzisere Wort (z. B. *Symptom*) für den Zieltext brauchen, müssen aber davon ausgehen, dass Ihre Adressat(inn)en es (noch) nicht verstehen. Wie gehen Sie vor?

Aufgabe 16: Erklärungen geben

Versuchen Sie, das Wort *Schwindelgefühl* für eine(n) Leichte-Sprache-Leser(in) zu erklären.

> Vielleicht haben Sie manchmal
> Schwindel·gefühle.
> Das heißt:

Übersetzungspfad für die Auswahl von Wörtern:

A. Wählen Sie den besten Vertreter eines Wortfeldes auf der Basis der dargestellten Kriterien (a) bis (d).
B. Prüfen Sie, ob Sie für die Zielsituation (zusätzlich) ein spezielleres Wort brauchen (Beispiel: *Symptom*) und erweitern Sie in diesem Fall den Zieltext um das speziellere Wort.
C. Prüfen Sie, ob das von Ihnen gewählte Wort erklärt werden muss, und erklären Sie es bei Bedarf (Beispiel: *Schwindelgefühle*).
D. Entscheiden Sie am Ende, ob das von Ihnen gewählte Wort optisch gegliedert werden muss (Mediopunkt oder Bindestrich).

Wörter erklären

Nicht immer kann man klar entscheiden, ob ein Wort erklärt werden muss oder nicht. Weil insgesamt von Leser(inne)n mit ausgeprägter Leseschwäche und geringem Kenntnisstand ausgegangen werden muss, empfehlen wir jedoch eine möglichst intensive Erklärpraxis.

Erklärungen unterbrechen den Textfluss und sollten für die Leser(innen) deshalb auch optisch erkennbar sein. Dafür stehen verschiedene Mittel zur Verfügung:

Einrückung: Rücken Sie die Erklärungen ein. So findet der Leser / die Leserin schnell wieder in den Haupttext zurück.

Randspalte: Verwenden Sie eine Randspalte und markieren Sie im Text das Wort, das Sie dort erklären (z. B. durch Unterstreichung). In eine solche Randspalte können Sie auch Bilder einfügen (s. dazu Aufgaben 77 bis 82).
Mouse-over-Box: Wenn Sie einen Onlinetext schreiben, können Sie auch mit Mouse-over-Boxen arbeiten. Diese haben den Vorteil, dass sie den Textfluss nicht stören. Solche Boxen können aber vor allem bei sehbeeinträchtigten Leser(inne)n zu Irritationen führen.
Glossar: Manchmal kann es auch sinnvoll sein, ein Glossar am Ende des Textes anzulegen. Die Nutzung eines solchen Glossars kann aber auch Nachteile haben: Die Leser(innen) müssen häufiger im Text auf eine andere Seite springen. Um die Worterklärung aufzufinden, müssen sie zudem in der Lage sein, sich in alphabetisch sortierten Listen zu orientieren.

Ein Glossar kann vor allem dann nützlich sein, wenn Ihr Text nicht nur von primären Adressat(inn)en gelesen wird, sondern auch von Mittler(inne)n. Mittler(innen) sind Expert(inn)en, die Ihren Text im Gespräch mit Personen einsetzen, die auf Leichte Sprache angewiesen sind (s. dazu Aufgabe 9). Mehr Informationen dazu finden Sie im Ratgeber (Kap. 3.4) und im Grundlagenwerk (Kap. 5.4).

Spezialfall 1: Fachwörter

Die meisten Übersetzungsaufträge kommen aus dem Bereich der Fachsprachen (z. B. juristisch-administrative oder medizinische Fachtexte). In fachsprachlichen Texten findet in aller Regel ein breiter Fachwortschatz Verwendung, der Leser(innen) mit Leseeinschränkungen vor besondere Herausforderungen stellt (s. Ratgeber, Kap. 6.1.2; Grundlagenwerk, Kap. 9.2.1.2).

Manchmal bezeichnen Fachwörter Konzepte, die so oder ähnlich auch im Alltag zu finden sind (*Symptom → Zeichen*); in diesen Fällen kann man sich oft auf den Alltagswortschatz beziehen, um die Grundbedeutung herauszuarbeiten. Sie können in einem entsprechenden Text dann zunächst den Alltagsausdruck einführen und ggf. das Fachwort ergänzend hinzunehmen, wie es bei *Zeichen/Symptom* (s. Aufgabe 15) gemacht worden ist.

Manchmal bezeichnen Fachwörter aber fachspezifische Konzepte, die im Alltag so nicht zu finden sind. In juristischen Texten ist dies häufig der Fall (s. Aufgabe 18):

Aufgabe 17: Erklärinstrumente

Tragen Sie die Vorteile und die Nachteile der verschiedenen Mittel für Erklärungen zusammen. Berücksichtigen Sie dabei auch, dass sich die Texte an verschiedene Adressatengruppen richten. Eine Beschreibung der Adressatengruppen finden Sie im Ratgeber (Kap. 3) und im Grundlagenwerk (Kap. 5):

	Vorteile	**Nachteile**
Einrückung		
Mouse-over-Box		
Randspalte		
Glossar		

Aufgabe 18: Fachwörter verwenden

Welche Schwierigkeiten können auftreten, wenn Sie einen Text in Leichte Sprache übersetzen wollen, in dem Fachwörter wie *Testament, Erbschein* oder *Erbvertrag* vorkommen?

Aufgabe 19: Fachwörter suchen

Suchen Sie aus der folgenden Passage aus der Erbrechtsbroschüre des Niedersächsischen Justizministeriums alle Fachwörter heraus, die Sie in einem Leichte-Sprache-Text erklären müssen. Versuchen Sie, diese Erklärungen zu geben.

> Notarielles Testament
> […]
> Die Notarin oder der Notar haben die Aufgabe sicherzustellen, dass Ihre Vorstellungen die juristisch richtige Form erhalten und dass keine rechtlichen Unklarheiten entstehen. Es wird auch für die Hinterlegung des Testaments beim Amtsgericht gesorgt.
> (ERB-A, S. 17)

Falsche Freunde

Manche Fachwörter oder Bestandteile davon kommen auch im Alltagswortschatz vor, beschreiben aber in Fachtexten etwas Fachspezifisches. So steht in der Erbrechtsbroschüre etwa, man könne Ungewissheiten »ausräumen« (ERB-A, S. 25); der Ausdruck *ausräumen* wird bei den Leser(inne)n sehr wahrscheinlich Vorstellungen aktivieren, die vom Verständnis des Fachworts wegführen.

Aufgabe 20: Falsche Freunde – *Grundbuch*

Versuchen Sie, die folgende Passage so zu übersetzen, dass ein Missverständnis des Wortes *Grundbuch,* also eine Assoziation mit *Buch,* möglichst vermieden wird.

> Wenn Sie ein Grundstück geerbt haben, sollten Sie die Berichtigung des Grundbuchs innerhalb von zwei Jahren beantragen, dann ist die Eintragung beim Grundbuchamt gebührenfrei.
> (ERB-A, S. 27)

Aufgabe 21: Falsche Freunde – *belegen*

Manchmal können auch ganz unauffällige Wörter falsche Freunde sein:

> Bei einem Erbschein nach gesetzlicher Erbfolge muss die Erbfolge durch Personenstandsurkunden (Geburtsurkunden, Sterbeurkunden, Heiratsurkunden, Auszüge aus dem Familienbuch) für alle in Betracht kommenden Angehörigen belegt werden.
> (ERB-A, S. 27)

Das kritische Wort ist hier *belegen,* das in seiner Grundbedeutung auch ganz materiell aufgefasst werden kann *(ein Brot belegen, belegte Brötchen).*

Übersetzen Sie den vorliegenden Abschnitt so, dass Missverständnisse vermieden werden.

Übersetzungspfad für Fachwörter:

A. Identifizieren Sie die Fachwörter in einem Text und legen Sie (zusammen mit Ihrem Auftraggeber) fest, welche davon im Zieltext verwendet werden sollen.
B. Entscheiden Sie, ob das Fachwort eine alltagsnahe Konzeption bezeichnet; arbeiten Sie dann zunächst mit dem Alltagsausdruck und reichern Sie Ihren Text ggf. (siehe A) mit dem Fachwort an.
C. Erklären Sie fachspezifische Fachwörter.
D. Suchen Sie sich Hilfe bei Ihrem Auftraggeber, wenn Ihnen die Bedeutung eines Fachwortes nicht ganz klar ist.
E. Achten Sie bei Ihrer Übersetzung auf falsche Freunde aller Art *(ausräumen, Grundbuch, belegen)*; legen Sie Ihre Übersetzung so an, dass Missverständnisse minimiert werden.
F. Entscheiden Sie am Ende, ob das von Ihnen gewählte Wort / die von Ihnen gewählten Wörter optisch gegliedert werden muss/müssen (Mediopunkt, Bindestrich).

Spezialfall 2: Fremdwörter

Die Regelwerke für Leichte Sprache empfehlen den Verzicht auf Fremdwörter, also Wörter aus anderen Sprachen, die nicht den Gesetzmäßigkeiten heimischer Wörter folgen und damit keine Kernwörter sind (s. auch Ratgeber, Kap. 6.1.1; Grundlagenwerk, Kap. 9.2.1.1).

Fremdwörter sind häufig schwerer zu verarbeiten als Kernwörter, weshalb diese Empfehlung im Grundsatz richtig ist. Das gilt aber nicht immer: Bei Wörtern wie *Telefon, Biologie* oder *Computer* lassen sich kaum gute Ersatzwörter finden – sie sind fest im Grundwortschatz verankert und sollten deshalb auch in Leichter Sprache benutzt werden.

Außerdem kann es sein, dass die Fremdwörter in Texten gleichzeitig Fachwörter sind und schon deshalb im Zieltext gebraucht werden (s. Spezialfall 1: Fachwörter).

Aufgabe 22: Fremdwörter verwenden

In dem Ausschnitt aus der PAH-Broschüre (s. Aufgabe 5) werden die folgenden Fremdwörter verwendet:

Aktivität, intensiver, eventuell, Symptom, Palpitation, Ödem

Welches dieser Fremdwörter würden Sie ersetzen bzw. weglassen, welches würden Sie ohne weitere Erklärung beibehalten, welches würden Sie mit einer Erklärung verwenden? Begründen Sie Ihre Entscheidungen.

Diese Fremdwörter würde ich ersetzen bzw. weglassen:

____

____

____

Diese Fremdwörter würde ich ohne Erklärung beibehalten:

____

____

____

Diese Fremdwörter würde ich mit einer Erklärung verwenden:

____

____

Allgemein gilt: Je eher man eine konkrete Adressatengruppe vor Augen hat und je genauer ein Übersetzungsauftrag formuliert ist, desto konkreter wird die eigene Übersetzungsstrategie und damit auch die Strategie zum Umgang mit Fremdwörtern ausfallen.

Aufgabe 23: Fremdwort erklären

In der PAH-Broschüre wird das Fachwort *Palpitation* so eingeführt:

> Ein schneller und/oder unregelmäßiger Herzschlag (auch als Palpitation bezeichnet). (PAH-A, S. 4)

Übersetzen Sie diesen Abschnitt in Leichte Sprache unter der Maßgabe, dass das Wort *Palpitation* im Zieltext gebraucht wird, etwa deshalb, weil der Auftraggeber es wünscht.

____

____

____

Übersetzungspfad für Fremdwörter:

A. Wenn ein Fremdwort der zentrale Vertreter des Wortfeldes ist, verwenden Sie es in Ihrem Zieltext (z. B. *Telefon* statt *Fernsprecher*).

B. Fremdwörter, die keine zentralen Vertreter von Wortfeldern sind, sollten Sie nur dann verwenden, wenn es die Zielsituation verlangt, wenn es sich also z. B. um ein Fachwort handelt. Besprechen Sie dies ggf. mit Ihrem Auftraggeber.

C. Wenn Sie ein Fremdwort brauchen, das nicht der zentrale Vertreter ist, dann erklären Sie es.

D. Zusätzlicher Hinweis: Wenn Sie ein Fremdwort in einer Form verwenden, die den Leser(inne)n Schwierigkeiten bereiten könnte (z. B. *Praktika*), dann erklären Sie diese Form (z. B. *Praktika* ist die Mehrzahl von dem Wort *Praktikum*).

E. Entscheiden Sie am Ende, ob das von Ihnen gewählte Wort / die von Ihnen gewählten Wörter optisch gegliedert werden muss/müssen (Mediopunkt, Bindestrich).

F. Achtung: Verzichten Sie auf die Formulierung »Das schwere Wort dafür ist XY«. Sie ist diskriminierend. Außerdem kann es schwierig sein, die Bezugsgröße für *dafür* ausfindig zu machen.

Spezialfall 3: Eigennamen

Eigennamen können eine Hürde und eine Chance zugleich darstellen (s. Ratgeber, Kap. 6.1.3; Grundlagenwerk, Kap. 9.2.1.3).

Eine Hürde können sie darstellen, wenn sie besonders lang sind oder wenn sie eine ungewöhnliche Struktur aufweisen (z. B. *Jaqueline, Erdoğan*). In diesen Fällen können Sie als Übersetzer(in) darauf hinweisen, dass es sich um einen Namen handelt. Die Leser(innen) wissen dann, dass dieses Wort keine Bedeutung hat, dass also kein Bedeutungskonzept aufgerufen werden muss, sondern nur eine konkrete Person oder Sache mit diesem Ausdruck bezeichnet wird.

Aufgabe 24: Eigennamen erklären

Am Ende der PAH-Broschüre sind Adressen von Selbsthilfegruppen aufgeführt. Sie sind folgendermaßen aufgebaut:

Selbsthilfegruppe Offene Tür
PAH-Verein Austria
Gemeinschaft für seltene Erkrankungen
Pariser Straße 48, 1030 Wien
(im Aufbau angelehnt an PAH-A, S. 27)

Versuchen Sie, diese Adressangabe so zu übersetzen, dass daraus eine optimale Orientierung für einen Leser / eine Leserin wird. Achten Sie dabei auch darauf, dass die Namen als Namen erkennbar werden.

____

____

____

____

____

Eine Chance können Eigennamen bei der Verdeutlichung komplizierter Sachverhalte darstellen. Gerade in amtlichen Texten geht es häufig um bestimmte Rollenträger wie *Beschuldigter, Sozialhilfeempfänger, Ehefrau* oder *Erblasser.* Bei der Übersetzung eines Textes, in dem solche Rollenträger vorkommen, können Sie zur Verdeutlichung Namen einsetzen. Die Broschüre »vererben – erben« (ERB-L) macht von diesem Verfahren Gebrauch. Anhand der beispielhaften Darstellung der familiären Verhältnisse eines Erblassers wird die gesetzliche Erbfolge erklärt:

Ausgangstext:

Ein Ehemann hinterlässt seine Frau und vier Kinder. Auch seine Eltern und sein Bruder leben noch.
(ERB-A, S. 6)

Zieltext:

Otto ist mit Helga verheiratet.
Otto und Helga haben 4 Kinder.
Die Eltern von Otto leben noch.
Otto hat 1 Bruder: Heinz
Otto stirbt.
(ERB-L, S. 10)

Aufgabe 25: Rollenträger mithilfe von Eigennamen vereindeutigen

Nicht alle im Ausgangstext vorkommenden Personen haben Namen bekommen; so bleiben die Eltern von Otto und seine vier Kinder namenlos. Überlegen Sie, warum das so ist.
Hilfestellung: Fertigen Sie einen Stammbaum an, in dem Sie die Familienverhältnisse grafisch darstellen.

Warum die Eltern von Otto und seine vier Kinder namenlos bleiben:

____

____

____

Stammbaum:

Aufgabe 26: Eigennamen für Rollenträger vergeben

Der folgende Erbfall ist um einiges komplexer als der erste. Überlegen Sie, welche der vorkommenden Personen Sie mit einem Namen identifizieren würden.
Fertigen Sie auch hier einen Stammbaum an.

> Eine Witwe stirbt nach kinderloser Ehe. Ihr verstorbener Mann hatte aus erster Ehe einen Sohn, den sie wie ihr eigenes Kind großgezogen hat. Die Eltern der Erblasserin und ihr Bruder leben nicht mehr, wohl aber dessen Lebensgefährtin und der gemeinsame Sohn.
> Der Stiefsohn erbt trotz der engen persönlichen Bindung zur Erblasserin nicht, weil er nicht blutsverwandt ist. Der aus der nichtehelichen Lebensgemeinschaft des Bruders stammende Sohn wird Alleinerbe. Dessen Mutter erbt dagegen nicht. Auch sie ist nicht blutsverwandt.
> (ERB-A, S. 8)

Personen, die mit einem Namen identifiziert werden sollten:

Stammbaum:

Übersetzungspfad für Eigennamen:

A. Wenn ein komplizierter Eigenname im Ausgangstext auftaucht, weisen Sie die Leser(innen) darauf hin, dass es sich um einen Eigennamen handelt. Erklären Sie, wenn es sich nicht aus dem Kontext ergibt, wer oder was der Namensträger ist (z. B. eine Person, eine Straße, ein Verein).

B. Zusätzlicher Hinweis: Bei historischen Personen wie Adenauer oder Goethe kann für manche Zielsituationen eine weitergehende Erläuterung hilfreich sein.

C. Wenn Sie einen Text übersetzen, der mit komplexen Rollenträgerstrukturen arbeitet, verwenden Sie (einfache und gut unterscheidbare) Eigennamen, um die entsprechenden Rollenträger zu identifizieren.

4. Sätze in Leichter Sprache

Die wichtigste Regel auf Satzebene in Leichter Sprache ist, dass in jedem Satz nach Möglichkeit nur eine Aussage stehen soll (s. Ratgeber, Kap. 7.1 und 7.2; Grundlagenwerk, Kap. 10.1 und 10.2). Das heißt auch, dass Nebensätze aller Art verboten sind (Aufgaben 28 bis 41). Sparsam muss man auch mit Reihungen mit *und, oder* etc. umgehen (Aufgaben 42 bis 45).

Hinzu kommt, dass die einzelnen Hauptsätze so einfach wie möglich aufgebaut sein müssen. Das betrifft mindestens die folgenden Punkte:

1. **Grundstruktur:**
   Verbkonstruktionen sind für Leichte Sprache besser geeignet als Nominalkonstruktionen (s. Ratgeber, Kap. 7.3). Zum Beispiel sollten Konstruktionen wie »wegen fehlender Bewegung« vermieden werden. Stattdessen bietet sich die Auflösung in eine Verbkonstruktion an: »Sie bewegen sich **nicht** genug.« Dabei benötigen Sie im konkreten Fall den Negationsausdruck *nicht*, den Sie in Leichter Sprache zwar nur behutsam verwenden sollten (s. S. 57 ff.), der aber weniger Probleme bereitet als Substantivierungen. Vermeiden Sie Substantivierungen aller Art. Ersetzen Sie Konstruktionen wie »verminderte Sauerstoffversorgung in Ihrem Körper« durch Verbkonstruktionen: »Ihre Lunge kann **nicht** genug Sauer·stoff in Ihren Körper schicken.« (Aufgabe 46)

2. **Reihenfolge:**
   Wählen Sie die Reihenfolge Subjekt – Prädikat – Objekt (SPO), wenn es nicht besondere Gründe gibt, eine andere Reihenfolge zu wählen (vgl. Aufgabe 61) (s. Ratgeber, Kap. 7.8; Grundlagenwerk, Kap. 10.3).

3. **Wortformen:**
   Verwenden Sie wenn möglich kein Passiv (Aufgaben 49 und 50), keinen Konjunktiv (Aufgaben 54, 55 und 56), kein Präteritum (Aufgabe 57) und keinen Genitiv (Aufgaben 47 und 48).

Aufgabe 27: Ausgangsstrukturen analysieren

Überprüfen Sie die folgende Textpassage daraufhin, welche Konstruktionen sie enthält, die in Leichter Sprache nicht verwendet werden dürfen: Nebensätze, komplexe Nominalkonstruktionen, Passiv und Reihungen. Analysieren Sie auch die Wortreihenfolge in den Sätzen:

> Wenn mehrere gemeinsam erben, dann teilt das Gesetz nicht jedem Einzelnen unterschiedliche Gegenstände zu, etwa der Witwe das Haus und den Kindern das Geld, sondern alle sind mit ihrem Anteil an allen Vermögensgegenständen der Erblasserin oder des Erblassers, an der Gesamtheit des »Nachlasses« beteiligt. Wenn der Nachlass aufgeteilt werden soll, müssen die Erben das später vereinbaren.
> (ERB-A, S. 5)

____

Eine Aussage pro Satz

Die Regel, dass ein Satz nur eine Aussage enthalten darf, hat weitreichende Konsequenzen für Texte in Leichter Sprache. Denn mit der Vereinfachung des Satzbaus können wichtige Informationen verloren gehen: Dies betrifft vor allem die Bezüge zwischen Aussagen wie z. B. Begründungen, zeitliche Abfolgen oder logische Bedingungen. Sie müssen in Leichter Sprache mit anderen Mitteln ausgedrückt werden. Ein Beispiel: Im folgenden Ausgangstext finden Sie einen Relativsatz *(Gefühlsregungen, die vom ersten*

Schock …) und Aufzählungen *(Wut, Angst oder Traurigkeit):*

> Die Diagnose PAH ist sicher keine einfache Erfahrung. Gefühlsregungen, die von einem ersten Schock und Zweifel bis hin zu Wut, Angst oder Traurigkeit reichen können, sind völlig normal. (PAH-A, S. 2)

Eine Übertragung in Leichte Sprache könnte wie folgt aussehen:

> Der Arzt hat Ihnen heute gesagt:
> »Sie haben PAH.«
> Das heißt:
> Sie haben eine Krankheit in der Lunge.
> Jetzt haben Sie vielleicht diese Gefühle:
> – Sie haben Angst.
> – Sie sind verzweifelt.
> – Sie sind wütend.
> – Sie sind traurig.
> Diese Gefühle sind ganz normal.
> (eigene Übersetzung)

Hinweis: Bereiten Sie Ihren Text optisch immer so auf wie in dem Beispiel. Jeder Satz beginnt mit einer neuen Zeile. Wenn ein Satz zu lang ist und Sie einen Zeilensprung einfügen müssen, setzen Sie diesen so, dass grammatische Gruppen zusammenbleiben.
Schreiben Sie also z. B.:

> Sie haben eine Krankheit
> in der Lunge.

Schreiben Sie nicht:

> Sie haben eine
> Krankheit in der Lunge.

In unserem Beispiel haben wir zuerst den komplexen Ausdruck *Gefühlsregungen* durch den zentralen Vertreter des Wortfeldes *(Gefühl)* ausgetauscht (s. Aufgaben **13** und **14**) und dann den Relativsatz des Ausgangstextes *(Gefühlsregungen, die von einem ersten Schock …)* in Einzelsätze gebracht. Um die Beziehungen zwischen dem Wort *Gefühl* und den Einzelgefühlen *(Angst, Wut …)* zu verdeutlichen, haben wir den Doppelpunkt gesetzt. Die Aufzählungen haben wir in Einzelsätze aufgelöst und insgesamt eingerückt; die Reihungsstruktur haben wir mit Aufzählungszeichen verdeutlicht. Am Ende haben wir die gereihten Einzelsätze mit einem Rückverweis *(Diese)* neu gebündelt und ihnen die Kategorie *Gefühle* erneut zugewiesen, um sie als *normal* zu kennzeichnen. Wie das Beispiel zeigt, sind bei der Auflösung von Satzgefügen in Einzelsätze eine Menge Entscheidungen zu treffen.

Das Wichtigste ist dabei, die Bezüge, die normalerweise in Satzgefügen und in Reihungen strukturell ausgedrückt sind, in Leichter Sprache mit anderen Mitteln wiederzugeben: z. B. mit dem Doppelpunkt, mit Einrückungen oder mit vor- und rückverweisenden Elementen.

Hinweis: Manchmal sind die Ausgangsstrukturen komplexer, als sie sein müssten. In den folgenden zwei Fällen ließen sich die Relativsätze so auflösen, dass die Informationen, die im Ausgangstext über zwei Teilsätze verteilt sind, ohne Informationsverlust in einem einfachen Satz zusammengefasst werden konnten:

> Die PAH ist eine Erkrankung, die sich mit der Zeit verschlimmern kann.
> → PAH kann schlimmer werden.
>
> Andere Anzeichen und Symptome, die Sie eventuell auch beobachten werden, sind u. a.:
> → Diese Symptome haben Sie vielleicht auch:

Prüfen Sie also vor einer Übersetzung, ob der Ausgangstext möglicherweise unnötig komplex ist und unnötig viele Bezüge herstellt.

Relativsätze

Relativsätze greifen meist einen Bezugsausdruck aus dem Hauptsatz auf und beschreiben ihn genauer *(Gefühlslagen, die …)*. In Leichter Sprache müssen Sie die Informationsstruktur erhalten, ohne dass Ihnen die Relativsatzstruktur zur Verfügung steht (s. Ratgeber, Kap. 7.1.2; Grundlagenwerk, Kap. 10.1.1).

Aufgabe 28: Relativsätze übersetzen

Übersetzen Sie folgende Relativsatzkonstruktionen aus der PAH-Broschüre. Beachten Sie dabei auch die Wortebene.

Beispiel 1:

Unabhängig von der Art [gemeint ist die Art der PAH], die Sie haben, können die Behandlungsoptionen die gleichen und gleich erfolgversprechend sein.
(PAH-A, S. 6)

______

______

______

Beispiel 2:

PAH ist eine seltene Erkrankung, die Frauen, Männer und Kinder jeden Alters und jeder ethnischen Herkunft betreffen kann.
(PAH-A, S. 6)

______

______

______

______

______

______

______

Beispiel 3:

Die Erben haften auch für die Schulden, die die/der Verstorbene hinterlassen hat.
(ERB-A, S. 28)

______

______

______

Aufgabe 29: Relativsätze in Mehrfacheinbettungen

In Ausgangstexten finden Sie manchmal auch mehrfache Satzeinbettungen vor. Im folgenden Beispiel 1 ist der Relativsatz zusätzlich mit einer Infinitivkonstruktion *(Ihren Alltag zu meistern)* angereichert, in Beispiel 2 ist ein indirekter Fragesatz *(wie groß die Beeinträchtigung Ihres Lebens durch PAH sein kann)* eingebettet. Versuchen Sie die Beispielsätze in Leichte Sprache zu übertragen:

Beispiel 1:

Doch es gibt bestimmte Behandlungen, die Ihnen helfen können, Ihren Alltag zu meistern.
(PAH-A, S. 4)

______

______

______

______

______

Beispiel 2:

Das System der Funktionellen Klasse hat 4 Stufen, mit denen beschrieben wird, wie groß die Beeinträchtigung Ihres Lebens durch PAH sein kann.
(PAH-A, S. 5)

______

______

______

______

______

______

Ergänzungssätze

Ein zweiter Nebensatztyp ist der Ergänzungssatz; Ergänzungssätze ergänzen das Prädikat des Hauptsatzes. Sie werden mit *dass, ob* oder einem Fragewort (*w*-Wort) eingeleitet und sind Subjekte oder (wie im folgenden Beispiel) Objekte:

Sie werden eventuell feststellen, dass Ihre Symptome Ihre täglichen Aktivitäten einschränken.
(PAH-A, S. 4)

Übersetzt werden können Ergänzungssätze häufig einfach mit einem unvollständigen Hauptsatz mit Doppelpunkt (s. Ratgeber, Kap. 7.1.3; Grundlagenwerk, Kap. 10.1.3).

Vielleicht merken Sie:
Sie können **nicht** mehr alles machen.
(eigene Übersetzung)

Aufgabe 30: Ergänzungssätze übersetzen

Übersetzen Sie die folgenden Ergänzungssätze:

Beispiel 1:

Ihr Arzt kann Ihnen dabei helfen zu erfahren, welche Art PAH Sie haben.
(PAH-A, S. 6)

Beispiel 2:

6-Minuten-Gehtest – [...] Dabei wird überprüft, ob die Person eine längere, die gleiche oder eine kürzere Strecke zurücklegt.
(PAH-A, S. 26)

Beispiel 3:

Stellen Sie sicher, dass Sie die Dosis und die Häufigkeit notieren, in der Sie diese [gemeint sind Medikamente] einnehmen. Denken Sie darüber nach, ob Sie diese Liste den wichtigen Menschen in Ihrem Leben zur Verfügung stellen. (PAH-A, S. 20)

Infinitivsätze

Verwandt mit Ergänzungssätzen sind **Infinitivsätze.** Hier ein Beispiel:

Zunächst ist es wichtig, Ihre Medikamente gemäß den Anweisungen Ihres Arztes einzunehmen.
(PAH-A, S. 2)

Infinitivsätze können häufig auf dieselbe Weise übertragen werden wie die Ergänzungssätze (s. Ratgeber, Kap. 7.1.4):

Das ist jetzt wichtig:
Nehmen Sie Ihre Medikamente ein.
Hören Sie dabei genau auf Ihren Arzt.
(eigene Übersetzung)

Aufgabe 31: Infinitivsätze übersetzen

Übersetzen Sie die folgenden Infinitivsätze:

Beispiel 1:

Diese Informationen [gemeint sind die Informationen der Broschüre] sollen Ihnen helfen, auf Ihre Lebenssituation abgestimmte Entscheidungen zu treffen.
(PAH-A, S. 3)

Beispiel 2:

Dies [gemeint ist eine spezialisierte Versorgung] kann den Menschen, die von PAH betroffen sind, dabei helfen, ihre PAH besser und für längere Zeit stabil zu behandeln, und für eine höhere Lebensqualität sorgen.
(PAH-A, S. 7)

____

____

____

____

____

Adverbiale Nebensätze

Adverbiale Nebensätze stellen Bedeutungen zwischen Sätzen her. Sie sind mit bedeutungstragenden Subjunktionen eingeleitet. Die folgende Tabelle stellt die wichtigsten bedeutungstragenden Subjunktionen zusammen:

Bedeutung:	typische Subjunktionen:
konditional (Bedingung)	*wenn, falls*
kausal (Begründung)	*weil, da*
konzessiv (Erwartungswidrigkeit)	*obwohl*
adversativ (Gegensatz)	*während, anstatt*
konsekutiv (Folge)	*sodass*
final (Zweck)	*damit*
temporal (Zeitfolge)	*als, während, nachdem, bevor*

Weil Nebensätze in Leichter Sprache nicht erlaubt sind, dürfen auch diese Subjunktionen nicht verwendet werden.

Satzgefüge mit adverbialen Nebensätzen müssen in Leichter Sprache in Einzelsätze aufgelöst werden. Die Bedeutung der Subjunktionen muss dann mit anderen Mitteln versprachlicht werden. In den nächsten Abschnitten stellen wir Strategien für die Übersetzung unterschiedlicher Arten von adverbialen Nebensätzen in Leichte Sprache vor. Weitere Informationen zu diesem Satztyp und den Möglichkeiten seiner Übersetzung erhalten Sie im Ratgeber (Kap. 7.1.1) und im Grundlagenwerk (Kap. 10.1.2).

Konditionale Nebensätze

Konditionale Nebensätze drücken Bedingungen aus. Betrachten wir zunächst ein Beispiel:

> Wenn Sie bei sich eine signifikante Gewichtsabnahme oder -zunahme beobachten, informieren Sie Ihren Arzt.
> (PAH-A, S. 12)

Das Besondere an diesen Gefügen ist, dass bei ihnen weder der *wenn*- noch der *dann*-Satz ohne Weiteres für sich selbst stehen kann, weil sie beide nur miteinander wahr oder falsch sind. Würde der *wenn*-Satz in einen einfachen, isolierten Aussagesatz umgeformt werden, würde aus der Bedingung *(Wenn …)* also ein wahrer Satz *(Sie beobachten …)* (s. Ratgeber, S. 108 f.; Grundlagenwerk, Kap. 10.1.2.1).
Dieses Problem kann behoben werden, indem die *wenn*-Konstruktion in einen Fragesatz umgewandelt wird:

> Beobachten Sie Ihren Körper genau:
> Haben Sie sehr viel zugenommen?
> Oder haben Sie sehr viel abgenommen?
> Dann sprechen Sie mit Ihrem Arzt.
> (eigene Übersetzung)

Alternativ dazu eignet sich häufig auch die Wiedergabe mit *vielleicht:*

> Beobachten Sie Ihren Körper genau:
> Vielleicht haben Sie sehr viel zugenommen.
> Oder Sie haben sehr viel abgenommen.
> Dann sprechen Sie mit Ihrem Arzt.
> (eigene Übersetzung)

Aufgabe 32: Konditionale Nebensätze übersetzen

Übersetzen Sie die folgenden Konditionalgefüge:

Beispiel 1:

Wenn die PAH weiter fortschreitet, können diese Anzeichen [gemeint sind die ersten, leichten Anzeichen der PAH] häufiger und intensiver auftreten.
(PAH-A, S. 4)

Beispiel 2:

Auch wenn es Ihnen unangenehm ist, offen über PAH und deren Auswirkungen auf Ihre Lebensqualität zu sprechen, kann ein solches Gespräch [gemeint ist ein Gespräch mit der Familie und mit Freunden] auch für Sie hilfreich sein.
(PAH-A, S. 8)

Beispiel 3:

Wenn es schwer für Sie ist, mit Ihrer Familie oder Ihren Freunden über alles zu reden, sprechen Sie Ihren behandelnden Arzt an.
(PAH-A, S. 9)

Besonders häufig kommen Konditionalgefüge in juristischen Texten vor; denn hier geht es oft darum, Fälle zu konstruieren und dann mögliche (juristische) Folgen zu beschreiben:

Aufgabe 33: Konditionale Nebensätze im juristischen Kontext

Übersetzen Sie die folgenden Beispielsätze:

Beispiel 1:

Wenn Sie genau und zuverlässig wissen möchten, wie die Rechtslage in Ihrem Fall ist, dann sollten Sie sich rechtlich [gemeint ist eine Beratung durch einen Notar] beraten lassen.
(ERB-A, S. 15)

Beispiel 2:

Wenn Sie nicht eine Notarin oder einen Notar in Anspruch nehmen wollen, dann müssen Sie das Testament selbst mit der Hand schreiben und unterschreiben.
(ERB-A, S. 17)

Hinweis: Oft stehen Konditionalgefüge mit dem Konjunktiv. Diese Fälle besprechen wir in den Aufgaben 55 und 56.

Kausale Nebensätze

Etwas weniger kompliziert als Konditionalgefüge sind Kausalgefüge. Denn hier gilt, dass die Sätze grundsätzlich auch unabhängig voneinander interpretiert werden können. Die Kausalbeziehung, also die Markierung der Sätze als Ursache und Wirkung, ist eine zusätzliche Information. Sie kann in Leichter Sprache häufig mit *deshalb* übersetzt werden. Dabei steht die Ursache an erster Stelle, die Wirkung an

zweiter Stelle (s. Ratgeber, S. 106 f.; Grundlagenwerk, Kap. 10.1.2.2).
Ein Beispiel:

> Da sie sehr selten ist, kennen nur sehr wenige Menschen die PAH und ihre Symptome.
> (PAH-A, S. 6)

Übersetzungsvorschlag:

> Die PAH ist sehr selten.
> Deshalb kennen nur wenige Menschen die PAH.
> Und deshalb kennen auch nur wenige Menschen die Symptome von der PAH.
> (eigene Übersetzung)

Hinweis: Alternativ zu *deshalb* können Sie auch *nämlich* verwenden. Die Reihenfolge kann damit getauscht werden: zuerst Wirkung, dann Ursache.

Aufgabe 34: Kausale Nebensätze übersetzen

Übersetzen Sie die folgenden Beispiele:

Beispiel 1:

> Die beiden Kinder des Sohnes [des Verstorbenen] sind an der Erbschaft nicht beteiligt, weil ihr Vater noch lebt.
> (ERB-A, S. 9)

____

____

____

____

Beispiel 2:
Meiden Sie abgepackte und fertig zubereitete Lebensmittel oder Mahlzeiten, da diese häufig einen hohen Salz-, Fett- und Zuckergehalt haben. (PAH-A, S. 12)

____

____

____

____

____

____

Beispiel 3:

> Da PAH eine Erkrankung ist, die Familienangehörige und Freunde nicht sehen können, ist es manchmal schwierig zu verstehen, welche Herausforderungen das mit sich bringt.
> (PAH-A, S. 21)

____

____

____

____

____

____

Manchmal begegnen Ihnen in Ausgangstexten Kausalgefüge, bei denen die Kausalität selbst nicht ganz klar ist:

Aufgabe 35: Unklare Kausalgefüge

Analysieren Sie den folgenden Satz daraufhin, welche Kausalbezüge er aufweist. Was ist die Ursache? Was ist die Wirkung?
Wie würden Sie bei einem konkreten Übersetzungsauftrag mit einem solchen Fall verfahren?

> Da jeder Mensch einzigartig ist, gibt es keine spezielle Ernährung, die dabei helfen könnte, PAH-Symptome zu reduzieren. Wie für jeden Menschen ist es auch für Sie wichtig, normal und gesund zu essen […].
> (PAH-A, S. 12)

Ursache:

____

____

Wirkung:

____

____

____

____

____

Vorgehensweise bei der Übersetzung:

___

___

___

Aufgabe 36: Alleinstehende Kausal- und Konditionalsätze

In manchen Leichte-Sprache-Texten finden sich *weil* und *wenn* am Satzanfang. Es entstehen dann Passagen wie die folgenden:

Beispiel 1:

Unsere Kinder Gisela und Jürgen erben
erst nach unserem Tod.
Das heißt:
Wenn wir beide tot sind.
Gisela und Jürgen erben gleich viel.
(ERB-L, S. 32)

Beispiel 2:

Frieda erbt **nichts**.
Weil Frieda und Otto geschieden sind.
(ERB-L, S. 18)

a. Überlegen Sie, welche Vor- und welche Nachteile alleinstehende Sätze mit *weil* und *wenn* haben.

Vorteile:

___

___

___

___

___

___

Nachteile:

___

___

___

___

___

b. Versuchen Sie, für die gegebenen Beispiele Alternativen zu finden, in denen *wenn* und *weil* nicht vorkommen.

Beispiel 1:

___

___

___

Beispiel 2:

___

___

___

Finale Nebensätze

Finale Nebensätze sind mit kausalen Nebensätzen verwandt. Auch hier geht es um Kausalität, nur wird bei der Finalität die Wirkung absichtsvoll herbeigeführt (s. Ratgeber, S. 107; Grundlagenwerk, Kap. 10.1.2.6). Bei finalen Sätzen ist es oft sinnvoll, den Zweck *(damit …)* in Leichter Sprache mit *dann* oder *deshalb* wiederzugeben. Außerdem kann es für die Adressat(inn)en wichtig sein zu erfahren, wer den Zweck verfolgt. Im folgenden Beispiel wird im Ausgangstext nicht explizit gemacht, wer hier die Verwechslungsgefahr ausschließen will (das Amtsgericht). Im Zieltext wird dies klar:

Ausgangstext:

Damit keine Verwechslungen möglich sind, sollten Sie mit Vornamen und Familiennamen unterschreiben.
(ERB-A, S. 17)

Zieltext:

Das Amtsgericht muss Ihre Unterschrift
erkennen.
Das Amtsgericht muss genau wissen:
Das ist Ihre Unterschrift.
Das ist **nicht** die Unterschrift
von jemand anderem.
Schreiben Sie deshalb Ihren ganzen Namen.
Das heißt:
Schreiben Sie Ihren Vornamen
und Ihren Nachnamen.
(eigene Übersetzung)

Aufgabe 37: Finale Nebensätze übersetzen

Übersetzen Sie die folgenden Finalsätze:

Beispiel 1:

Sie können lernen, wie Sie mit Ihren Symptomen umgehen müssen und wie diese behandelt werden können, damit Sie weiterhin die meisten Dinge tun können, die Sie möchten.
(PAH-A, S. 4)

Beispiel 2:

Dieses Wissen [gemeint ist Wissen über PAH] wird Ihnen im Umgang mit Ihren Gefühlen und Ihrem Wohlbefinden helfen, damit Sie sich wieder auf das Wesentliche im Leben konzentrieren und mit Ihrem Leben über PAH hinaus fortfahren können.
(PAH-A, S. 2)

Konsekutive Nebensätze

Konsekutive Nebensätze bezeichnen eine Folgebeziehung. Die wichtigste Subjunktion ist *sodass;* sie kann auch – wie im folgenden Beispiel – auf zwei Sätze verteilt sein *(so …, dass)*. In Leichter Sprache kann zur Verdeutlichung der Folgebeziehung oft der Doppelpunkt einspringen (s. Ratgeber, S. 108 f.).

Aufgabe 38: Konsekutive Nebensätze übersetzen

Übersetzen Sie den folgenden Satz.

Beispiel 1:

Ihr behandelnder Arzt wird versuchen, Ihre Symptome so zu verbessern, dass Sie eine möglichst niedrige Stufe erreichen und diese so lange wie möglich halten.
(PAH-A, S. 5)

Beispiel 2:

Diese Broschüre wurde so aufgebaut, dass Sie diese entweder komplett durchlesen oder immer mal wieder einzelne Abschnitte lesen können.
(PAH-A, S. 3)

Konzessive Nebensätze

Konzessivgefüge kennzeichnen Erwartungswidrigkeit:

Die Ehefrau wird Miterbin, obwohl sie vom Erblasser getrennt gelebt hat.
(ERB-A, S. 13)

Übersetzt werden Konzessivgefüge häufig mit *trotzdem;* dabei ist es – wie bei den Kausalsätzen – erforderlich, die Reihenfolge zu beachten: Unabhängig davon, welche Reihenfolge im Ausgangstext gegeben ist, sollte bei der Übersetzung zuerst die Information aus dem *obwohl*-Satz stehen und dann erst die Information aus dem Hauptsatz, die die erwartungswidrige Folge der Information aus dem *obwohl*-Satz ausdrückt. (s. Ratgeber, S. 109 f.; Grundlagenwerk, Kap. 10.1.2.5). Eine mögliche Übersetzung könnte hier also wie folgt aussehen:

> Helga und Otto sind verheiratet.
> Otto stirbt.
> Helga und Otto haben
> getrennt / **nicht** zusammen gelebt.
> Trotzdem erbt Helga etwas
> von den Sachen von Otto.
> (eigene Übersetzung)

Aufgabe 39: Konzessiven Nebensatz übersetzen

Übersetzen Sie den folgenden Konzessivsatz:

> Es gibt viele Entscheidungen, die Sie treffen können, um dabei zu helfen, Ihre Gesundheit aufrechtzuerhalten, obwohl Sie die Auswirkungen der PAH spüren.
> (PAH-A, S. 11)

____

____

____

____

Temporale Nebensätze

Die wichtigsten temporalen Nebensätze sind solche, die Vorzeitigkeit und solche, die Nachzeitigkeit ausdrücken (s. Ratgeber, S. 110 ff.; Grundlagenwerk 10.1.3.2).

Nachzeitigkeit:

> Bitte wenden Sie sich an uns [gemeint ist eine Selbsthilfegruppe], bevor Sie Anträge [gemeint sind Anträge zur Erleichterung der Arbeitsbedingungen] abschicken.
> (PAH-A, S. 15)

Das Geschehen des Nebensatzes (Antrag abschicken) tritt (optimalerweise) erst dann ein, wenn das Geschehen des Hauptsatzes (Beratung) abgeschlossen ist.

Vorzeitigkeit:

> Das Amtsgericht wird, nachdem es von einem Todesfall erfahren hat, ein dort aufbewahrtes oder abgeliefertes Testament eröffnen.
> (PAH-A, S. 26)

Das Geschehen des Nebensatzes (Kenntnis vom Todesfall), tritt vor dem Geschehen im Hauptsatz ein (Testamentseröffnung).

Wie geht man bei der Übersetzung temporaler Verhältnisse vor? Das Wichtigste ist, dass Sie die Chronologie der Ereignisse berücksichtigen. Sofern es der Textbauplan zulässt, stehen zeitlich vorangehende Ereignisse vor zeitlich folgenden. Wenn möglich, folgen Sie dem Prinzip der *natürlichen Chronologie,* auch dann, wenn die Ereignisfolge im Ausgangstext eine andere ist:

Nachzeitigkeit:

> Sie wollen einen Antrag stellen?
> Bitte sprechen Sie zuerst mit uns.
> Schicken Sie erst dann Ihren Antrag ab.
> (eigene Übersetzung)

Vorzeitigkeit:

> Otto hat sein Testament dem Amts·gericht gegeben.
> Otto stirbt.
> Dann eröffnet das Amts·gericht das Testament.
> Das heißt:
>> Das Amts·gericht liest das Testament.
>> Das Amts·gericht weiß jetzt:
>> Wer soll die Sachen von Otto erben?
>
> (eigene Übersetzung)

Beachten Sie bei Ihrer Entscheidung, in welche Abfolge Sie die Ereignisse bringen wollen, Folgendes: Manche Textsorten folgen regulär einer anderen als der natürlichen Chronologie. Nachrichtentexte beginnen beispielsweise üblicherweise mit der aktuellen Nachricht und erzählen dann Vorgeschichte und Folgen von Handlungen und Ereignissen, wobei häufig zwischen den einzelnen Zeitstufen hin- und hergesprungen wird. Es hat sich bewährt, auch bei Nachrichten in Leichter Sprache mit der eigentlichen Nachricht zu beginnen und dann die Informationen auf den einzelnen Zeitstufen zu bündeln:

Nachricht > Wie fing alles an? > Wie entwickelte es sich bis zum Zeitpunkt der Nachricht weiter? > Welche weiteren Entwicklungen zeichnen sich ab? Ausführlicher gehen wir darauf im Ratgeber (besonders Kap. 7.6.1. und Kap. 8.2.1) ein.

Aufgabe 40: Vor- und Nachzeitigkeit

Entscheiden Sie: Handelt es sich um Vor- oder Nachzeitigkeit? Übersetzen Sie anschließend den jeweils vorliegenden Satz. Beachten Sie, wenn möglich, die natürliche Chronologie.

Beispiel 1:

Es ist ganz natürlich, dass Ihre Familie und Freunde eine Reihe von ähnlichen Gefühlen erleben werden wie Sie selbst, als Sie erstmals von Ihrer Diagnose erfahren haben.
(PAH-A, S. 9)

Beispiel 2:

Passen Sie Ihre Aktivität an, bevor Sie ermüden.
(PAH-A, S. 13)

Noch mehr falsche Freunde

Wie bei Wörtern (Aufgaben **20** und **21**) gibt es auch bei Sätzen falsche Freunde – vor allem bei solchen, die erst einmal wie Temporalsätze aussehen (s. Ratgeber, S. 112; Grundlagenwerk, Kap. 10.1.2.4).

Aufgabe 41: Temporalität/Adversativität

Vergleichen Sie die beiden Sätze und beschreiben Sie, was mit *während* jeweils gemeint ist. Übersetzen Sie die Sätze anschließend.

Satz 1:

Während Sie diese Broschüre durchlesen, notieren Sie sich die Dinge, die Ihnen durch den Kopf gehen.
(PAH-A, S. 11)

Satz 2:

Einige der Ursachen [gemeint sind Ursachen für die Entstehung von PAH] sind bekannt, während andere noch identifiziert werden müssen.
(PAH-A, S. 6)

Übersetzungspfad für Satzgefüge:

Der Übersetzungspfad verweist auf die wichtigsten Aspekte, die Sie bei Satzgefügen beachten sollten. Es kann aber keine Patentlösungen geben. Welche Lösung gut oder sogar die beste ist, hängt immer auch vom Kontext ab, aus dem ein Satzgefüge entnommen ist.

A. Entflechten Sie Satzgefüge und zerlegen Sie sie in Einzelaussagen.
B. Arbeiten Sie die Bedeutung des Gefüges heraus; benutzen Sie dafür die in Leichter Sprache erlaubten Mittel; z. B. kausal: *deshalb*; konzessiv: *trotzdem*; temporal: *dann*; konditional: Frage – Antwort oder *vielleicht*.
C. Beachten Sie die Reihenfolge, in der Sie die Informationen präsentieren (z. B. Ursache vor Wirkung; natürliche Chronologie).
D. Prüfen Sie, ob Sie alle Bedeutungskomponenten, die erforderlich sind, übersetzt haben.
E. Bei unklaren Bedeutungen prüfen Sie, ob die Textumgebung zu einer Klärung beitragen kann; ansonsten fragen Sie Ihren Auftraggeber.

Der hier vorgeschlagene Übersetzungspfad eignet sich auch dafür, schrittweise Lösungen auszuarbeiten und Zwischenergebnisse zu notieren, die Sie dann als Grundlage für Ihre Weiterarbeit an der Übersetzung eines Satzgefüges nutzen können.

Wir zeigen Ihnen hier deshalb den Fünfschritt für die Übersetzung von Satzgefügen in Leichte Sprache. Im Ratgeber, Kap. 7.1.5 und Kap. 7.3, erhalten Sie zum Fünfschritt und zum konkreten Übersetzungsfall weitere Informationen. Dabei gibt Schritt 4 hier bereits eine Vorschau auf die folgenden Kapitel.

Fünfschritt für die Übersetzung von Satzgefügen

Übersetzungsbeispiel:

> Für den Fall, dass ein Scheidungsantrag gestellt war, wird die Ehefrau von der Erbschaft ausgeschlossen.
> (ERB-A, S. 13, abgewandelt)

1. Schritt: Klären Sie inhaltliche Fragen.
Im vorliegenden Fall: Von wem muss der Scheidungsantrag ausgegangen sein? Dem Ausgangstext (ERB-A, S. 13) ist zu entnehmen, dass der Scheidungsantrag vom Erblasser ausgegangen sein muss.

2. Schritt: Entflechten Sie das Satzgefüge.
Zwischenergebnis:

> Der Ehemann hat einen Scheidungsantrag gestellt.
> Die Ehefrau wird von der Erbschaft ausgeschlossen.
> (eigene Übersetzung)

3. Schritt: Arbeiten Sie die Bedeutungsbeziehung zwischen den entflochtenen Sätzen heraus.
Im vorliegenden Fall liegt ein Konditionalgefüge vor, das mit *vielleicht – dann* oder mit einer Frage-Antwort-Struktur wiedergegeben werden kann (zu Konditionalgefügen s. Aufgabe **34**).

Zwischenergebnis:

> Vielleicht hat der Ehemann
> einen Scheidungsantrag gestellt.
> Dann ist die Ehefrau von der Erbschaft
> ausgeschlossen.
> (eigene Übersetzung)

Anmerkung: In vielen Fällen können die Schritte 2 und 3 in einem Durchgang bearbeitet werden.

4. Schritt: Ersetzen Sie weitere nicht erlaubte Konstruktionen.
Im vorliegenden Fall liegt eine Passivkonstruktion vor (zum Passiv Aufgaben **49** und **50**). Setzen Sie die Negationsmarker (hier: **nichts**) fett, damit sie nicht übersehen werden (dazu Aufgaben **62** bis **64**).

Zwischenergebnis:

> Vielleicht hat der Ehemann
> einen Scheidungsantrag gestellt.
> Dann erbt die Ehefrau **nichts**.
> (eigene Übersetzung)

5. Schritt: Prüfen Sie die Wortwahl.
Im vorliegenden Fall sollten Sie das Fachwort *Scheidungsantrag* erklären; Übungen zur Wortwahl und zur Worterklärung finden Sie in den Aufgaben **13** bis **26**.

Zwischenergebnis:

> Vielleicht hat der Ehemann
> einen Scheidungsantrag gestellt.
> Das heißt:
>> Vielleicht wollte sich der Ehemann
>> von seiner Frau scheiden lassen.
>> Und der Ehemann hat dem Gericht schon gesagt:
>> Ich will mich von meiner Frau
>> scheiden lassen.
>
> Dann erbt die Ehefrau **nichts**.
> (eigene Übersetzung)

Nach diesem Schritt kann es sinnvoll werden, die Informationsreihenfolge anzupassen:

Zwischenergebnis:

> Vielleicht wollte sich der Ehemann
> von seiner Frau scheiden lassen.
> Und der Ehemann hat schon
> einen Scheidungsantrag gestellt.
> Das heißt:
>> Der Ehemann hat dem Gericht schon gesagt:
>> Ich will mich von meiner Frau
>> scheiden lassen.
>
> Dann erbt die Ehefrau **nichts**.
> (eigene Übersetzung)

Prüfen Sie abschließend, bei welchen Wörtern Sie eine innere Gliederung benötigen.

Im vorliegenden Fall: *Ehe·mann, Scheidungs·antrag Ehe·frau* (zur inneren Gliederung von Wörtern s. Aufgaben **11** und **12**).

Ergebnis:

Vielleicht wollte sich der Ehe·mann
von seiner Frau scheiden lassen.
Und der Ehe·mann hat schon
einen Scheidungs·antrag gestellt.
Das heißt:
Der Ehe·mann hat dem Gericht schon gesagt:
Ich will mich von meiner Frau
scheiden lassen.
Dann erbt die Ehe·frau **nichts**.
(eigene Übersetzung)

Hinweis: In der Übersetzung der Erbrechtsbroschüre sind für den Ehemann und die Ehefrau Namen eingesetzt (s. auch Aufgaben **25** und **26**). Dieses Verfahren wurde hier nicht verfolgt, kann aber je nach Bedarf gewählt werden. Im vorliegenden Ergebnis sehen Sie zugleich, dass weder der Ehemann mit *er* noch die Ehefrau mit *sie* wiederaufgenommen wurde. Warum das so ist, lesen Sie im Ratgeber (Kap. 6.3) und im Grundlagenwerk (Kap. 9.2.2.3).

Reihungen

Manchmal sind Satzfolgen in Ausgangstexten nicht eingebettet, sondern gereiht (hier enthält das letzte Glied der Reihung wiederum eine Einbettung):

Erklären Sie ihnen [gemeint sind Familie und Freunde] Ihre Erkrankung mit Ihren eigenen Worten, sprechen Sie über Ihren aktuellen Behandlungsplan und erläutern Sie ihnen die Veränderungen, die in Ihrem Alltagsleben vorkommen werden.
(PAH-A, S. 9)

Auch solche Reihungen müssen Sie in Leichter Sprache in Einzelsätze auflösen (s. Ratgeber, Kap. 7.2; Grundlagenwerk, Kap. 10.2). Die naheliegende Frage ist nun aber, warum die Autoren des Ausgangstextes sich für eine Reihung entschieden haben und nicht gleich dafür, drei voneinander unabhängige Sätze zu schreiben.

Gereihte Sätze stehen unter einer oft unsichtbar bleibenden gemeinsamen Überschrift oder, wie es der Sprachwissenschaftler Ewald Lang gesagt hat: Sie sind einer gemeinsamen Einordnungsinstanz (GEI) untergeordnet. Im vorliegenden Fall schwebt über allen drei Sätzen die Frage: Was sage ich meinen Freunden / meiner Familie?

Diese Erklärung führt zugleich zu einer ersten Übersetzungsoption von gereihten Sätzen:

Es kann für den Zieltext sinnvoll sein, die gemeinsame Einordnungsinstanz (GEI) herauszuarbeiten und sie als Überschrift vor die gereihten Sätze zu setzen. Ordnen Sie die gereihten Sätze dieser Überschrift dann unter:

Was sage ich meiner Familie
und meinen Freunden?
Erklären Sie Ihrer Familie
und Ihren Freunden Ihre Krankheit.
Sprechen Sie mit Ihrer Familie
und Ihren Freunden über Ihre Behandlung
beim Arzt.
Sagen Sie Ihrer Familie und
Ihren Freunden auch:
Das kann ich mit der Krankheit
noch machen.
Das kann ich mit der Krankheit
nicht mehr machen.
(eigene Übersetzung)

Manchmal finden Sie die GEI schon im Ausgangstext, hier »Sie können lernen«:

Sie können lernen, wie Sie mit Ihren Symptomen umgehen müssen und wie diese behandelt werden können […].
(PAH-A, S. 4)

Eine mögliche Übersetzung, bei der die GEI den gereihten Sätzen vorangestellt wird, könnte demnach wie folgt aussehen:

Sie können 2 Dinge lernen: (= GEI)
1. Was kann ich selbst machen?
2. Was kann mein Arzt machen?
(eigene Übersetzung)

Aufgabe 42: Die Gemeinsame Einordnungsinstanz (GEI) ermitteln

Ermitteln Sie die GEI für die gereihten Sätze und übersetzen Sie die Passage entsprechend.

Beispiel 1:

> Niemand stirbt ohne Erben. Hat jemand, der kein Testament gemacht hat, keinen Ehegatten hinterlassen und können auch Verwandte nicht ermittelt werden, tritt an letzter Stelle der Staat als Erbe ein.
> (ERB-A, S. 5)

Beispiel 2:

> Es gibt auch mehr spezifische Unterstützung [...]. Dies kann den Menschen, die von PAH betroffen sind, dabei helfen, ihre PAH besser und für längere Zeit stabil zu behandeln, und für eine höhere Lebensqualität sorgen.
> (PAH-A, S. 7)

Beispiel 3:

> Gesunde Ernährung, aktiv sein, lernen, wie man mit Müdigkeit umgeht, und anderen Ihre Gefühle oder Sorgen mitteilen sind nur einige der Dinge, die für Sie einen großen Unterschied dabei machen können, wie Sie sich fühlen und wie Sie sich an Ihr Leben mit PAH anpassen.
> (PAH-A, S. 11)

Bei vielen Reihungen werden Teile von Sätzen ausgespart:

> Ein Leben mit PAH und die Behandlung von PAH-Symptomen kann emotionale Auswirkungen haben.
> (PAH-A, S. 7)

Vollständig würde dieser Satz lauten:

> Ein Leben mit PAH kann emotionale Auswirkungen haben und die Behandlung von PAH kann emotionale Auswirkungen haben.

Auch wir haben uns in dem Beispiel, in dem wir die GEI erläutern, für eine Auslassung entschieden (*Was sage ich meiner Familie und meinen Freunden?*). Vollständig würde diese Passage lauten: *Was sage ich meiner Familie? Und was sage ich meinen Freunden?* In Aufgabe **44** werden die Vor- und Nachteile von solchen Auslassungen in Leichter Sprache thematisiert.

Wenn Sie in den Ausgangstexten Aussparungen finden, was sehr häufig vorkommt, kann die Vervollständigung der gereihten Sätze ein wichtiger Zwischenschritt im Übersetzungsprozess sein. Sie erhalten dadurch mehrere Einzelsätze, die Sie als Grundlage für die Wiedergabe der gereihten Informationen nutzen können.

Aufgabe 43: Auslassungen vervollständigen

Vervollständigen Sie die Auslassungen in den gereihten Sätzen. Dabei müssen noch keine Leichte-Sprache-Texte entstehen. Es handelt sich nur um die Einübung eines Zwischenschrittes für die Übersetzung von Reihungen.

Beispiel 1:

Ein Ehemann hinterlässt seine Frau und vier Kinder. Auch seine Eltern und sein Bruder leben noch.
(ERB-A, S. 6)

____

____

____

____

Beispiel 2:

Der Angeklagte hatte die Vorwürfe bestritten und ausgesagt, er habe seine Geschwindigkeit angepasst und sei rechtzeitig zum Stehen gekommen. (SAND-A)

____

____

____

____

Beispiel 3:

Legen Sie den Schwerpunkt auf diese Aktivitäten [gemeint sind Dinge, die man am liebsten tut] und die Beziehungen zu diesen Menschen [gemeint sind nahestehende Personen].
(PAH-A, S. 2)

____

____

____

____

Manchmal werden Sie feststellen, dass die Vervollständigung zu unerwünschten Ergebnissen führt. Denn bei der Zerlegung in Einzelsätze kann es vorkommen, dass die Sätze, die Sie erzeugt haben, nicht jeder für sich, sondern nur zusammen gelten. Sie bilden eine Einheit:

Die eindeutige und rechtzeitige Regelung der Erbfolge hilft außerdem, Streit innerhalb der Familie und unter den Erben zu vermeiden.
(ERB-A, S. 3)

In diesem Beispiel ist gemeint, dass eine Regelung der Erbfolge dann hilft, wenn sie **zugleich** eindeutig und rechtzeitig erfolgt.

Drücken Sie diesen engen Zusammenhang auch in Ihrer Übersetzung aus.

Sie wollen keinen Streit in Ihrer Familie? (= GEI)
Dann machen Sie Ihr Testament jetzt.
Und sagen Sie in Ihrem Testament genau:
Wer soll meine Sachen erben?
(eigene Übersetzung)

Manche Übersetzer(innen) entscheiden sich auch in Leichter Sprache für Auslassungen bei Reihungen:

PAH kann schlimmer werden.
Dann haben Sie die Symptome vielleicht öfter.
Und stärker.
(PAH-L, S. 12)

Vollständig würde diese Passage lauten:

PAH kann schlimmer werden.
Dann haben Sie die Symptome vielleicht öfter.
Und Sie haben die Symptome stärker.
(eigene Übersetzung)

Aufgabe 44: Auslassungen bei Reihungen

Welche Vorteile bieten Auslassungen bei Reihungen in Leichter Sprache? Welche Nachteile könnten sie haben?

Legen Sie Ihren Überlegungen die folgenden Beispiele zugrunde. Gehen Sie davon aus, dass Fachwörter, die ohne Erläuterung im Text stehen, an einer nahen anderen Stelle im jeweiligen Text bereits erläutert wurden:

Beispiel 1:

So kommt mehr Atem·luft in Ihre Lunge.
Und mehr Sauer·stoff.
(PAH-L, S. 15)

Beispiel 2:

Ihre Arme schwellen an.
Oder Ihre Beine.
Oder Ihre Knöchel.
(PAH-L, S. 11)

Beispiel 3:

Ihre Sachen und Ihr Geld sind Ihr Nachlass.
Ihr Nachlass ist zum Beispiel:
Ihr Haus.
Und Ihr Auto.
Und Ihr Geld.
Und Ihr Schmuck.
(ERB-L, S. 8)

Beispiel 4:

Sie haben ganz bestimmte Fragen.
Sie haben zum Beispiel Fragen
zu den Steuern.
[…]
Oder Sie haben zum Beispiel Fragen
zu einer Konto·vollmacht.
Oder zu einem Spar·buch.
Oder zu einem Dauer·auftrag.
Oder zu einem Lastschrift·mandat.
Dann fragen Sie einen Mitarbeiter
von Ihrer Bank.
Die Mitarbeiter von Ihrer Bank helfen Ihnen.
(ERB-L, S. 70)

Beispiel 5:

In dem Heft stehen viele wichtige Informationen.
Zum Beispiel:
Wer kann erben?
Was können Sie vererben?
Wie schreiben Sie ein Testament?
Und in dem Heft erklären wir zum Beispiel
die Wörter: Testament.
Und gesetzliche Erb·folge.
Und Pflicht·teil.
Und viele andere Wörter.
Dann verstehen Sie:
So geht Erben.
Und so geht Vererben.
(ERB-L, S. 3)

Vorteile von Auslassungen:

____

____

____

____

____

Nachteile von Auslassungen:

____

____

____

____

Geschlechtergerechte Personenbezeichnungen in Leichter Sprache

Auch geschlechtergerechte Personenbezeichnungen führen zu Reihungen:

Beispiel:

Ein Erbvertrag kann nur notariell geschlossen werden. Lassen Sie sich deshalb von einer Notarin oder einem Notar beraten, wenn dieser Weg für Sie in Betracht kommt.
(ERB-A, S. 16)

Da es in Leichter Sprache zudem nicht möglich ist, Personenbezeichnungen mit Personalpronomen wiederaufzunehmen (*eine Notarin oder ein Notar* → *sie*, s. dazu auch Aufgaben **68** und **69**, Ratgeber, Kap. 6.3 sowie Grundlagenwerk, Kap. 9.2.2.3) oder einen Textgegenstand mithilfe ähnlicher Formulierungen wieder aufzunehmen (*von einer Notarin oder einem Notar* → *notariell*), müssten solche Reihungen im ganzen Text durchgehend beibehalten werden. Es besteht dann die Gefahr, dass die eigentliche Textaussage hinter den Ausführungen zu den männlichen und weiblichen Personenbezeichnungen zurücktritt und an Klarheit einbüßt:

Sie möchten einen Erb·vertrag machen?
Fragen Sie einen Notar.
Oder eine Notarin.
Nur ein Notar kann den Erb·vertrag schreiben.
Oder eine Notarin.
(eigene Übersetzung)

Das Beispiel zeigt, dass hier die Verständlichkeit der Textpassage gefährdet ist. Verständlichkeit und Klarheit hat aber für Leichte-Sprache-Texte oberste Priorität. Geschlechtergerechte Sprache ist zwar ebenfalls wichtig, sie sollte aber nicht höher gewichtet werden als die Verständlichkeit (s. Ratgeber, Kap. 6.2).

Aufgabe 45: Geschlechtergerechte Personenbezeichnungen in Leichter Sprache

Wie gehen Sie nun mit der Reihung im vorliegenden Beispiel um?

____

____

____

____

Die Übersetzung, die Sie in der Lösung finden, verzichtet hier im Fließtext auf geschlechtergerechte Sprache. Die Übersetzerin hat sich aber entschieden, auf das Dilemma der geschlechtergerechten Personenbezeichnung in einem Hinweis am Beginn der Broschüre aufmerksam zu machen:

> **Wichtig!**
> In den Texten stehen immer nur die Wörter
> für Männer.
>   Zum Beispiel:
>   Im Text steht nur Notar.
> Dann kann man den Text leichter lesen.
> Aber auch Frauen sind gemeint.
>   Zum Beispiel:
>   Das Wort Notar steht im Text.
>   Der Notar kann ein Mann sein.
>   Aber ein Notar kann auch eine Frau sein.
>   Die Frau heißt dann: Notarin.
> (ERB-L, S. 2)

Allerdings können geschlechtergerechte Personenbezeichnungen überall dort eingesetzt werden, wo sie nicht zu Reihungen im Satz führen. Ein Beispiel ist das Vorwort der PAH-Broschüre in Leichter Sprache:

> Liebe Leserin,
> Lieber Leser,
>
> dieser Text ist für Sie vielleicht sehr leicht.
> Dieser Text ist nämlich in Leichter Sprache
> geschrieben.
> (PAH-L, S. 2)

Weitere Informationen zu geschlechtergerechten Personenbezeichnungen finden Sie im Ratgeber (Kap. 6.2).

Übersetzungspfad für Reihungen:

A. Wenn in den Ausgangstexten bei Reihungen Auslassungen vorkommen, vervollständigen Sie diese, um eine Grundlage für Ihre Übersetzung zu haben.
B. Finden Sie die gemeinsame Einordnungsinstanz (GEI), die der Reihung zugrunde liegt, und entscheiden Sie, ob Sie eine entsprechende Überschrift vor die Reihung setzen, in der die GEI genannt wird.
C. Wenn es sich um eine Reihung handelt, bei der beide Teile eine Einheit bilden, berücksichtigen Sie dies in Ihrer Übersetzung.
D. In einigen Fällen kann es sinnvoll sein, die gereihten Einzelsätze mit Aufzählungszeichen zu versehen (dazu auch Aufgabe **71**).
E. Prüfen Sie, ob geschlechtergerechte Personenbezeichnungen zu Reihungen in Ihren Sätzen führen oder die Aussage Ihres Texts weniger verständlich machen. Lassen Sie sie in diesem Falle aus. Fügen Sie ggf. einen entsprechenden Hinweis hinzu (z. B. im Vorwort).

Anmerkung: *und* ist nur eins der mindestens drei wichtigen Bindewörter, die auch in Leichter Sprache Verwendung finden. Hinzu kommen *aber* und *oder*. Wenn Sie zu diesen Bindewörtern weitere Informationen benötigen, konsultieren Sie das Grundlagenwerk (Kap. 10.2.2).

Komplexe Nominalgefüge

> Aufgrund des Benachrichtigungswesens in Nachlasssachen ist die Eröffnung des Testaments und die Benachrichtigung der Erben sichergestellt.
> (ERB-A, S. 17, abgewandelt)

Komplexe Nominalgefüge wie auf*grund des Benachrichtigungswesens in Nachlasssachen, Eröffnung des Testaments oder Benachrichtigung der Erben* kommen gerade in Fachtexten sehr häufig vor.
Sie sind jedoch für die Adressat(inn)en schwer zu verarbeiten und werden in Leichter Sprache deshalb vermieden (s. Ratgeber, Kap. 7.3). Bei der Übersetzung kommt Ihnen aber entgegen, dass sich solche Nominalgefüge häufig in Sätze auflösen lassen.

> Aufgrund des Benachrichtigungswesens in Nachlasssachen ...
> → Weil es ein Benachrichtigungswesen in Nachlasssachen gibt ...

die Eröffnung des Testaments
→ Das Testament wird eröffnet.

Benachrichtigung der Erben
→ Die Erben werden benachrichtigt.

Deshalb bietet es sich bei der Übersetzung an, diese komplexen Nominalgefüge in einem ersten Schritt in Sätze umzuformen. Aus der Ausgangskonstruktion wird dann ein Satzgefüge:

> Weil es ein Benachrichtigungswesen in Nachlasssachen gibt, ist sichergestellt, dass das Testament eröffnet wird und die Erben benachrichtigt werden.

Dies kann natürlich nur ein erster Schritt sein. Denn Sie haben mit diesem Verfahren eine Form erzeugt, die in Leichter Sprache nicht erlaubt ist.

Folgen Sie deshalb nach der Umformung Ihres Ausgangssatzes in ein Satzgefüge weiter dem Fünfschritt (s. S. 36 f. und Kap. 7.1.5 im Ratgeber). Beginnen Sie mit dem 1. Schritt.

1. Schritt: Klären Sie inhaltliche Fragen.
Wer eröffnet das Testament? Wer benachrichtigt die Erben? Im vorliegenden Fall handelt es sich um das Amtsgericht. Wenn die inhaltliche Prüfung in dieser Weise erfolgt, können Sie bereits hier unerlaubte Passivkonstruktionen *(das Testament wird eröffnet; die Erben werden benachrichtigt)* in Aktivkonstruktionen *(das Amtsgericht eröffnet das Testament; das Amtsgericht benachrichtigt die Erben)* umwandeln.

2. Schritt: Entflechten Sie das Satzgefüge.
Es gibt ein Benachrichtigungswesen
in Nachlasssachen.
Es ist sichergestellt:
Das Amtsgericht eröffnet das Testament.
Das Amtsgericht benachrichtigt die Erben.
(eigene Übersetzung)

3. Schritt: Arbeiten Sie die Bedeutungsbeziehungen zwischen den entflochtenen Sätzen heraus.
Die Kausalität kann durch *deshalb* ausgedrückt werden. Unter der GEI *ist sichergestellt* werden hier die letzten beiden Sätze nach einem Doppelpunkt mit *und* gereiht.

Es gibt ein Benachrichtigungswesen
in Nachlasssachen.
Deshalb ist sichergestellt:
Das Amtsgericht eröffnet das Testament.
Und das Amtsgericht benachrichtigt die Erben.
(eigene Übersetzung)

4. Schritt: Ersetzen Sie weitere nicht erlaubte Konstruktionen.
Die verbliebene Passivkonstruktion *(ist sichergestellt)* kann durch eine Formulierung mit *sicher sein* oder *sich verlassen können auf* ersetzt werden.

Es gibt ein Benachrichtigungswesen
in Nachlasssachen.
Deshalb können Sie sicher sein:
Das Amtsgericht eröffnet das Testament.
Und das Amtsgericht benachrichtigt die Erben.
(eigene Übersetzung)

5. Schritt: Prüfen Sie die Wortwahl.
Die folgenden Wörter sollten ersetzt werden:
- Benachrichtigungswesen → *Das Amtsgericht informiert/sagt*
- Nachlasssachen → *Erbe*

Das Fachwort *eröffnen* muss erklärt werden (s. auch Aufgaben **16** und **17**):

Das heißt:
Das Amts·gericht liest das Testament.
Das Amts·gericht weiß jetzt:
Wer soll die Sachen von X erben?
(eigene Übersetzung)

benachrichtigen → *informieren*
Abschließend: Wortgliederung (hier: Amts·gericht)

Ergebnis:
Das Amts·gericht muss allen Erben von X sagen:
Wer erbt die Sachen von X?
Deshalb können Sie sicher sein:
Das Amts·gericht eröffnet das Testament von X.
Das heißt:
Das Amts·gericht liest das Testament von X.
Das Amts·gericht weiß jetzt:
Wer soll die Sachen von X erben?
Und das Amts·gericht informiert
die Erben von X.
(eigene Übersetzung)

Anmerkung: Je nachdem, welche Perspektive Sie in Ihrer Übersetzung einnehmen, können Sie für X die Anrede *(Sie)* wählen oder Sie setzen z. B. *Ihr Verwandter, Ihre Verwandte, Ihr Freund, Ihre Freundin* oder einen Namen ein; die Übersetzung beginnt dann mit: *Ihr Freund / Ihr Verwandter / Otto ist gestorben.*

Aufgabe 46: Komplexe Nominalgefüge auflösen

Übersetzen Sie den folgenden Satz. Lösen Sie zuerst die komplexen Nominalgefüge auf, sodass ein Satzgefüge entsteht. Wenden Sie dann den Fünfschritt an (den 1. Schritt können Sie hier wahrscheinlich überspringen):

> Aufgrund des wachsenden Verständnisses und neuer Therapieoptionen haben sich für die Patienten die Chancen verbessert, mit PAH ein nahezu normales Leben zu führen.
> (PAH-A, S. 7)

Übertragung in ein Satzgefüge:

____

____

____

____

____

____

1. Schritt: Klären Sie inhaltliche Fragen (falls hier erforderlich).

____

____

2. Schritt: Entflechten Sie das Satzgefüge.

____

____

____

____

____

3. Schritt: Arbeiten Sie die Bedeutungsbeziehung zwischen den entflochtenen Sätzen heraus.

____

____

____

____

____

____

4. Schritt: Ersetzen Sie weitere nicht erlaubte Konstruktionen.

____

____

____

____

____

5. Schritt: Prüfen Sie die Wortwahl.

____

____

____

____

____

Der Genitiv – der Meister nominaler Komplexität

Der Meister nominaler Komplexität ist der Genitiv, der in Leichter Sprache schon deshalb verboten ist (s. Ratgeber, Kap. 7.3; Grundlagenwerk 8.1.1.2). In unserem ersten Beispiel zu komplexen Nominalgefügen (S. 41 ff.) finden Sie gleich drei Genitive:

> Aufgrund des Benachrichtigungswesens in Nachlasssachen ist die Eröffnung des Testaments und die Benachrichtigung der Erben sichergestellt.
> (ERB-A, S. 17, abgewandelt)

In diesen Fällen konnten die komplexen Nominalgefüge in Sätze aufgelöst werden. Der Genitiv ist dabei automatisch verschwunden. Der Grund dafür ist, dass die Wörter, von denen der Genitiv abhängt *(aufgrund, Eröffnung, Benachrichtigung)*, selbst so beschaffen waren, dass in ihnen Satzkonstruktionen verborgen sind. Das ist aber nicht immer der Fall.

Aufgabe 47: Genitiv/Auflösungspotenziale

Prüfen Sie bei den folgenden Beispielen, wo der Genitiv Teil einer verborgenen Satzkonstruktion ist und wo nicht; versuchen Sie die verborgenen Satzkonstruktionen in Sätze aufzulösen. Die Sätze müssen Sie noch nicht auf die Wortwahl hin überprüfen:

> Falls der Neffe nur einen Gegenstand erhalten und nicht als Miterbe an der Gesamtheit Ihres Vermögens beteiligt werden soll, handelt es sich um ein Vermächtnis. Ein Vermächtnis ist die Verfügung, durch die der Vermächtnisnehmer einen Anspruch gegen Erben auf Übertragung eines einzelnen Gegenstands oder auf Zahlung einer Geldsumme erhält.
> (ERB-A, S. 19)

Der Genitiv ist Teil einer verborgenen Satzkonstruktion:

Der Genitiv ist nicht Teil einer verborgenen Satzkonstruktion:

Ist der Genitiv Teil einer verborgenen Satzkonstruktion, können Sie ihn durch die Rückführung in einen Satz auflösen. Orientieren Sie sich dabei an der Vorgehensweise, die wir allgemein für nominale Gefüge vorgeschlagen haben (s. Aufgabe **46**): Formen Sie die nominalen Gefüge also zuerst in Satzgefüge um und folgen Sie dann dem Fünfschritt (s. S. 36 f.).

In Fällen, in denen der Genitiv nicht Teil einer verborgenen Satzkonstruktion ist, bietet sich oft eine Auflösung in eine *von*-Konstruktion an.

Ausgangstext:

> Die Anzeichen der PAH beginnen zunächst unscheinbar.
> (PAH-A, S. 4)

Zieltext:

> Am Anfang merken Sie nur
> wenige Anzeichen von PAH.
> Vielleicht merken Sie am Anfang auch
> noch **nichts**.
> (eigene Übersetzung)

Aufgabe 48: Genitiv ohne Satzkonstruktion

Übersetzen Sie die folgenden Konstruktionen. Wo haben Sie eine *von*-Konstruktion genutzt? Wo haben Sie eine andere Lösung gefunden?

Beispiel 1:

> Denken Sie darüber nach, eine Liste mit den Namen Ihrer behandelnden Ärzte zu erstellen.
> (PAH-A, S. 20)

Beispiel 2:

> FK [Abkürzung für »Funktionelle Klasse«] – eine bewährte Klassifizierung, um die Wirkung von PAH auf das Alltagsleben einer Einzelperson zu messen.
> (PAH-A, S. 26)

Beispiel 3:

> Es ist sehr wichtig, eine Liste Ihrer derzeitigen Medikamente, Vitamine und Nahrungsergänzungsmittel zu erstellen […].
> (PAH-A, S. 20)

Manchmal kommen mehrfach eingebettete und/oder intern gereihte Genitive vor:

> Sie [gemeint sind Medikamente] verringern und verhindern auch das übermäßige Wachstum von Zellen an den Gefäßwänden, wodurch es für Ihr Herz leichter wird, Blut durch Ihre Lunge zu pumpen. Dies sollte zu einer Verbesserung des Grads Ihrer körperlichen Aktivität und Ihres Wohlbefindens führen.
> (PAH-A, S. 18)

Diese Konstruktionen verlangen oft einen tiefen Eingriff in die Textstruktur. Eine mögliche Übersetzung des vorliegenden Ausgangstextes könnte wie folgt aussehen:

> Die Medikamente sollen Ihrem Herz helfen.
> Die Zellen in Ihren Blut·gefäßen wachsen dann wahrscheinlich **nicht** so schnell.
> Ihr Herz kann dann leichter Blut in Ihre Lunge bringen.
> Deshalb geht es Ihnen mit den Medikamenten wahrscheinlich besser:
> – Sie können sich besser bewegen.
> – Und Sie fühlen sich wohler.
> (eigene Übersetzung)

Übersetzungspfad für den Genitiv:

A. Prüfen Sie, ob der Genitiv Teil eines verborgenen Satzes ist. Folgen Sie dann der Schrittfolge für komplexe Nominalgefüge.
B. Ist der Genitiv nicht Teil eines verborgenen Satzes, führt in vielen Fällen eine Übersetzung mit *von* zu akzeptablen Ergebnissen.
C. Bei mehrfach verschachtelten Genitivkonstruktionen sind manchmal tiefere Eingriffe in den Gesamttext nötig.

Verschwiegene Handlungsträger – Passiv, Infinitiv und weitere Fälle

In Passivsätzen bleibt der Verantwortliche einer Handlung oft unbenannt. Warum Passivsätze gerade in Informationstexten so beliebt sind, zeigt das folgende Beispiel:

> Im Prozess um den tödlichen Massenunfall im Sandsturm bei Rostock im April 2011 ist ein 53-jähriger Lkw-Fahrer wegen fahrlässiger Tötung zu einer Geldstrafe von 3600 Euro verurteilt worden. (SAND-A)

In dieser Pressemitteilung interessiert nicht, wer die Verurteilung ausgesprochen hat; Standardleser(innen) wissen, dass dies die Aufgabe von Gerichten ist. Hier interessiert der Verurteilte: Er steht im Mittelpunkt der Nachricht.

Beim Lesen von Passivsätzen muss man aber nicht nur diesen Perspektivenschwenk mitmachen. Zusätzlich ist man beim Lesen von Passivsätzen darauf angewiesen, sich den verschwiegenen Handlungsträger entweder hinzuzudenken (wie hier das Gericht), ihn im Kontext aufzufinden oder ganz von einem möglichen Akteur abzusehen.

Diese Verstehensleistungen sind anspruchsvoll und bei Leser(inne)n von Texten in Leichter Sprache nicht vorauszusetzen. Auf das Passiv sollte deshalb in Leichter Sprache nach Möglichkeit verzichtet werden (s. Ratgeber, Kap. 7.4; Grundlagenwerk, Kap. 8.1.2.1).

Wenn Sie Fach- oder Informationstexte übersetzen, werden Ihnen Passivsätze aber immer wieder begegnen. Die Kunst besteht darin, den im Passiv verschwiegenen Handlungsträger aufzusuchen und ihn an die Oberfläche zu bringen. In unserem Beispielsatz aus dem Nachrichtentext ergibt sich die Rekonstruktion des Handlungsträgers aus dem Weltwissen. Eine Teilübersetzung könnte so aussehen:

> Vor 5 Jahren gab es bei Rostock
> einen schweren Verkehrs·unfall.
> Jetzt hat das Gericht einen Lkw-Fahrer
> angeklagt.
> Und das Gericht hat den Lkw-Fahrer verurteilt.
> Der Lkw-Fahrer muss eine Geld·strafe
> von 3600 Euro bezahlen.
> (SAND-L, abgewandelt)

Aufgabe 49: Passiv – Handlungsträger ermitteln

Gehen Sie auf die Suche nach den Handlungsträgern in den folgenden Passivbeispielen. Beschreiben Sie, wie Sie bei Ihrer Suche vorgegangen sind und wo Sie fündig geworden oder auf unüberwindbare Grenzen gestoßen sind. Worin bestand in diesen Fällen das Problem? Ein Tipp: In Anhang 1 finden Sie den Textauszug, der Beispiel 3 enthält.

Beispiel 1:

> Die folgenden Seiten enthalten einige Vorschläge, wie Sie bei der Behandlung Ihrer PAH helfen können. Es werden Ihnen praktische Wege aufgezeigt, wie Sie ohne allzu große Kompromisse Ihr Alltagsleben anpassen können.
> (PAH-A, S. 11)

____

____

____

Beispiel 2:

> Ein Arztschreiben kann aufgesetzt werden, um Ihre Erkrankung gegenüber Ihrem Arbeitgeber oder bei der Inanspruchnahme von Versicherungsleistungen nachzuweisen.
> (PAH-A, S. 15)

____

____

____

Beispiel 3:

> Die Besonderheiten des einzelnen Falles, vor allem aber die Wünsche der einzelnen Erblasserin oder des einzelnen Erblassers, können dabei natürlich nicht berücksichtigt werden.
> (ERB-A, S. 16)

____

____

____

Beispiel 4:

> Sie werden über alle rechtlichen Fragen im Zusammenhang mit dem Testament beraten.
> (ERB-A, S. 17)

____

____

____

Beispiel 5:

> Wenn in dem Beispielsfall der Sohn und die Tochter ungefähr mit dem gleichen Wert bedacht werden sollen […].
> (ERB-A, S. 18)

____

____

____

Aufgabe 50: Passivkonstruktionen übersetzen

Übersetzen Sie die Beispiele 4 und 5 aus Aufgabe 49.

Beispiel 4:

____

____

____

Beispiel 5:

____

____

____

In manchen Passivkonstruktionen ist der Handlungsträger weder bekannt noch kann er aufgefunden werden.

Wir möchten das noch einmal am Beispiel eines etwas verwickelten Falles zeigen, mit dem wir schon gearbeitet haben (s. Aufgabe 46).

> Aufgrund des wachsenden Verständnisses und neuer Therapieoptionen haben sich für die Patienten die Chancen verbessert, mit PAH ein nahezu normales Leben zu führen.
> (PAH-A, S. 7)

Ein wichtiger Schritt im Übersetzungsprozess ist die Auflösung der komplexen Nominalgefüge in Satzstrukturen (s. S. 41 ff.). Beim Versuch, *das Verständnis über PAH* in einen Satz mit dem Verb *verstehen* zu bringen, wurde klar, dass kein Subjekt zur Verfügung steht. Die Frage, wer PAH versteht, bleibt offen.

Wählen Sie in diesen Fällen ein plausibles Subjekt oder fragen Sie den Auftraggeber. Wir hatten uns im vorliegenden Fall für *Ärzte* entschieden (s. Lösung zu Aufgabe **46**).

In einigen wenigen Fällen kann es bei der Übersetzung vom Passiv ins Aktiv zu Informationsverfälschungen kommen. Auch dafür ein Beispiel:

> Der Ehemann starb, die Frau wurde schwer verletzt.
> (SAND-A)

Die Umwandlung in einen Aktivsatz würde lauten:

> Der Ehemann starb, die Frau hat sich schwer verletzt.

Damit würde eine unerwünschte Lesart aktiviert, nämlich dass die Frau sich selbst etwas zugefügt hat. Die Übersetzer(innen) des Nachrichtentextes haben sich also dafür entschieden, die Passivstruktur beizubehalten:

> Der Ehe·mann ist gestorben.
> Die Ehe·frau wurde schwer verletzt.
> (SAND-L, gekürzt)

Übersetzungspfad für Passivkonstruktionen:

A. Suchen Sie den Handlungsträger auf.
B. Wandeln Sie die Passivkonstruktion in eine Aktivkonstruktion um; setzen Sie als Subjekt dabei den aufgefundenen Handlungsträger ein.
C. Ist kein Handlungsträger identifizierbar und können Sie auch keinen rekonstruieren, kontaktieren Sie ggf. Ihren Auftraggeber.
D. Prüfen Sie, ob durch die Umsetzung ins Aktiv eine Bedeutungsänderung/Verfälschung eingetreten ist; in diesem Fall verzichten Sie auf die Umwandlung ins Aktiv.

Aufgabe 51: Umgang mit Infinitivkonstruktionen

Der Handlungsträger kann auch in anderen Konstruktionen unterdrückt sein; betroffen sind vor allem Infinitive wie im folgenden Beispiel:

> Erwägen Sie die folgenden Möglichkeiten, wie andere Ihnen helfen können:

Tägliche Unterstützung	Medizinische Unterstützung
– Besorgungen erledigen – Mahlzeiten vorbereiten – Arbeiten im Haushalt erledigen	– Zu Arztterminen begleiten – Bei Arztterminen Notizen machen – Medikamente abholen

(PAH-A, S. 10)

Übersetzen Sie die vorliegende Tabelle. Achten Sie dabei darauf, dass der Handlungsträger erkennbar ist. (Die Tabellenstruktur brauchen Sie im Zieltext nicht zu übernehmen.)

Der Handlungsträger fehlt auch bei Wörtern, die auf *-bar* enden:

> Auch wenn PAH nicht heilbar ist, sind Behandlungen verfügbar, die Ihnen dabei helfen, Ihren Krankheitsverlauf und Ihre Lebensqualität zu beeinflussen und zu verbessern.
> (PAH-A, S. 2)

Auch hier müssen Sie einen nicht genannten Handlungsträger aktivieren:

> Die Ärzte können PAH noch nicht heilen.
> Aber die Ärzte können Ihnen trotzdem helfen:
> Die Krankheit wird dann
> nur langsam schlimmer.
> Und Sie fühlen sich besser.
> (eigene Übersetzung)

Aufgabe 52: Handlungsträger für Konstruktionen mit Adjektiven auf *-bar* ermitteln

Übersetzen Sie die folgende Passage in Leichte Sprache; achten Sie dabei auf die Bedeutung und die adäquate Übersetzung von *denkbar:*

> Vielleicht haben Sie Ihre persönliche Situation in einem der Beispiele wiedergefunden, vielleicht auch nicht. Die Fülle der denkbaren Situationen kann hier [gemeint ist in der Informationsbroschüre] nicht wiedergegeben werden. Wenn Sie genau und zuverlässig wissen möchten, wie die Rechtslage in Ihrem Fall ist, dann sollten Sie sich rechtlich beraten lassen.
> (ERB-A, S. 15)

Abstrakte Handlungsträger

Bei der Verwendung des Pronomens *man* wird der Handlungsträger zwar nicht direkt verschwiegen. Er ist aber abstrakt und wenig greifbar. Adressieren Sie die Leser(innen) in solchen Textpassagen direkt.

Aufgabe 53: Sätze mit abstrakten Handlungsträgern übersetzen

Übersetzen Sie den folgenden Beispielsatz:

> Gesunde Ernährung, aktiv sein, lernen, wie man mit Müdigkeit umgeht, und anderen Ihre Gefühle oder Sorgen mitteilen sind nur einige der Dinge, die für Sie einen großen Unterschied dabei machen können, wie Sie sich fühlen und wie Sie sich an Ihr Leben mit PAH anpassen.
> (PAH-A, S. 11)

Tipp: Machen Sie insgesamt intensiven Gebrauch von der direkten Adressierung der Leser(innen) wie im folgenden Beispiel:

> Ein notarielles Testament hat in vielen Fällen auch den Vorteil, dass die Erben später keinen Erbschein zu beantragen brauchen, um ihr Erbrecht nachweisen zu können.
> (ERB-A, S. 17)

Übersetzungsvorschlag:

Sie haben ein notarielles Testament gemacht?
Das heißt:
Ein Notar hat Ihr Testament geschrieben.
In einem notariellen Testament stehen Ihre Erben.
Ihre Erben brauchen dann nach Ihrem Tod
keinen Erb·schein.
Das Amts·gericht weiß dann nämlich:
Das sind Ihre Erben.
(eigene Übersetzung)

Konjunktiv

Mit dem Konjunktiv *(wäre, würde, hätte, sei …)* kann man sich nicht direkt auf die Wirklichkeit beziehen, sondern nur über Umwege. Manchmal werden mit dem Konjunktiv auch Parallelwelten zur existierenden Wirklichkeit entworfen. Beides, die nur indirekte Bezugnahme auf die Wirklichkeit und der Entwurf von Parallelwelten, ist kognitiv anspruchsvoll. Der Konjunktiv gehört deshalb nicht zum Repertoire der Leichten Sprache.

Wir besprechen hier Verfahren der Konjunktivvermeidung für zwei sehr häufige Fälle: die indirekte Rede und potenziale/irreale Bedingungssätze (s. Ratgeber, Kap. 7.5). Weitere Informationen zum Konjunktiv und Möglichkeiten seiner Übersetzung finden Sie im Grundlagenwerk (Kap. 8.1.2.1 sowie 11.3.2 und 11.3.3).

Indirekte Rede

Gerade in Nachrichtentexten werden Sie immer wieder auf die indirekte Rede stoßen, die in der Standardsprache mit dem Konjunktiv markiert wird. Der große Vorteil des Konjunktivs ist, dass Leser(innen) sogar über mehrere Sätze hinweg erkennen können, ob eine Aussage noch zur indirekten Rede gehört oder schon nicht mehr:

> Der Richter sah es am Dienstag als erwiesen an, dass der Lastwagenfahrer den Tod eines Autofahrers mitverursacht hat. Er sei auf der A 19 zu schnell in die Sandwolke hineingefahren und mit einem vor ihm fahrenden Lastwagen zusammengestoßen. Dadurch sei der vordere Lkw in das Fahrzeug eines Ehepaares geschoben worden. (SAND-A)

Beim Übersetzen in Leichte Sprache müssen indirekte Redezüge in direkte Redezüge umgewandelt werden. Der Konjunktiv verschwindet dann automatisch. Es entsteht aber ein neues Problem: Das Ende des Redezugs wird unsichtbar. In der Standardsprache stehen hier Anführungszeichen zur Verfügung, die Sie grundsätzlich auch in Leichter Sprache zur Markierung direkter Redezüge verwenden dürfen. Wenn Sie zitieren, formulieren Sie aber Wortbeiträge in Leichte Sprache um, sodass die Äußerung nicht mehr wörtlich ist. Sie können dann häufig keine Anführungszeichen setzen, weil Sie damit den Sprecher(inne)n Dinge in den Mund legen würden, die diese so nicht gesagt haben. Arbeiten Sie deshalb zur Kennzeichnung der direkten Rede mit Einrückungen. Der Leser bzw. die Leserin erkennt dann Anfang und Ende des Redezugs. Stellen Sie außerdem einen einleitenden Satz mit Doppelpunkt voran, in dem die direkte Rede angekündigt wird. Die Anführungszeichen setzen Sie zusätzlich dann, wenn Wörtlichkeit gegeben ist.

> Der Richter hat gesagt:
> Der Lkw-Fahrer hat Mit·schuld am Tod
> von einem Auto·fahrer.
> Der Lkw-Fahrer ist zu schnell gefahren.
> Deshalb hat der Lkw-Fahrer den Sand·sturm
> zu spät gesehen.
> Und der Lkw-Fahrer ist
> in einen anderen Lkw gefahren.
> Der andere Lkw ist deshalb
> in ein Auto gerutscht.
> Der Mann in dem Auto ist jetzt tot.
> (eigene Übersetzung)

Aufgabe 54: Von der indirekten zur direkten Rede

Übersetzen Sie die folgenden zwei Passagen aus demselben Nachrichtentext; Sie dürfen dabei in Bezug auf die Wortwahl ruhig etwas nachlässig sein. Konzentrieren Sie sich auf die Umsetzung der indirekten in die direkte Rede:

Beispiel 1:
> Der Verteidiger hatte auf Freispruch plädiert. Im Zweifel müsse für den Angeklagten geurteilt werden, da es nicht sicher sei, dass dessen Kollision den Tod des Autofahrers verursacht habe, sagte er in seinem Plädoyer. (SAND-A)

Beispiel 2:

> Der Angeklagte hatte die Vorwürfe bestritten und ausgesagt, er habe seine Geschwindigkeit angepasst und sei rechtzeitig zum Stehen gekommen. Sein Fahrzeug sei von einem dritten Lkw in den Lastwagen vor ihm geschoben worden, der wiederum mit dem Auto kollidierte.
> (SAND-A)

Übersetzungspfad für die indirekte Rede:

A. Wandeln Sie die indirekte Rede in die direkte Rede um.
B. Stellen Sie einen redeeinleitenden Satz mit Doppelpunkt voran.
C. Rücken Sie den gesamten Redezug ein.
D. Verwenden Sie zusätzlich Anführungszeichen, wenn es sich wirklich um eine wörtliche Wiedergabe handelt.

Irrealis und Potenzialis

Eine zweite wichtige Domäne des Konjunktivs ist der Potenzialis/Irrealis. Der Konjunktiv steht jeweils in Konditionalgefügen, formuliert also eine Bedingung und eine Konsequenz:

Potenzialis:

> Wäre die Ehefrau von der Erbschaft ausgeschlossen [...], so würden die Tochter und der Sohn Miterben zu je ½.
> (ERB-A, S. 13)

Irrealis:

> Noch höher wäre die Erbschaftsteuer, wenn der Verstorbene nicht verheiratet gewesen wäre und seine Lebensgefährtin [...] als Alleinerbin eingesetzt hätte.
> (ERB-A, S. 36)

Der wichtigste Unterschied zwischen dem Potenzialis und dem Irrealis ist, ob die Wahrheit der Bedingung noch in der Schwebe ist (Potenzialis) oder ob sie schon entschieden ist (Irrealis). Paradoxerweise ist also der Irrealis realer als der Potenzialis: Denn bei ihm wissen wir wenigstens sicher, was nicht der Fall ist.

Wir haben den Unterschied zwischen dem Potenzialis und dem Irrealis in der folgenden Tabelle sichtbar gemacht, die zugleich Hinweise auf eine mögliche Übersetzung gibt:

	Bedingung	Konsequenz
Potenzialis	Die Ehefrau ist von der Erbschaft ausgeschlossen?	**Dann**: Tochter und Sohn erben.
Irrealis	Der Verstorbene war mit der Alleinerbin verheiratet.	**Deshalb**: Die Erbschaftsteuer ist geringer.

Die tabellarische Auflösung zeigt, dass potenziale Bedingungsgefüge ganz analog zu Bedingungsgefügen im Indikativ gebaut sind (s. dazu Aufgaben 32 und 33). Sie können sie deshalb wie diese übersetzen:

> Die Ehefrau ist von dem Erbe ausgeschlossen?
> Dann bekommt die Tochter des Erblassers die Hälfte des Erbes.

Und der Sohn des Erblassers bekommt die Hälfte des Erbes.
(eigene Übersetzung)

Mit diesem Übersetzungsvorschlag liegt natürlich noch kein Beispiel in Leichter Sprache vor (*Ehefrau, ist ausgeschlossen, Erblasser, des Erbes* etc.). Es ging uns hier aber zunächst ums Prinzip: Wir haben uns ganz auf die Arbeit am Potenzialis konzentriert, sind also nur den ersten Schritt im Übersetzungsprozess gegangen.

Aufgabe 55: Potenzialis

Wandeln Sie die gegebene Übersetzung des Potenzialis so um, dass es sich tatsächlich um ein Leichte-Sprache-Beispiel handelt; achten Sie dabei darauf, dass die Bedeutung des Potenzialis erhalten bleibt. (Sie können für die Rollenträger Namen einsetzen, s. dafür Aufgaben 25 und 26.)

____

____

____

____

____

____

Hinweis: Manchmal sind in Ausgangstexten potenziale Gefüge unnötig komplex, z. B. hier:

Richtig wäre es, wenn Sie etwa Folgendes schrieben:

Übersetzt werden kann dieser Satz mit:

Schreiben Sie so:

Aufgabe 56: Irrealis

Die Tabelleneintragung beim Irrealis zeigt, dass dieser eher mit Kausalsätzen als mit Konditionalsätzen verwandt ist. Lehnen Sie sich deshalb an die Strategien beim Übersetzen von Kausalsätzen an (s. dazu auch Aufgabe 34):

Helga und Otto sind ein Paar.
Otto stirbt.
Helga ist die Erbin von Otto.
Das heißt:
Helga erbt die Sachen von Otto.
Aber Helga muss Erbschaft·steuer bezahlen.
Das heißt:
Helga muss als Erbin dem Staat Geld geben.
Helga und Otto waren verheiratet.
Deshalb ist die Erbschaft·steuer **nicht** so hoch.
(eigene Übersetzung)

Mit diesem Vorschlag haben wir aber nicht alles übersetzt, was der Irrealis hergibt: Wir haben ignoriert, dass der Irrealis ja stets zwei Szenarien aufbaut (hier: *der Erblasser ist mit der Alleinerbin verheiratet oder nicht*), mit den entsprechenden Konsequenzen *(Erbschaftsteuer ist weniger hoch / höher).*

Beispiel 1:
Übersetzen Sie den Ausgangssatz zum Irrealis so, dass das gesamte Szenario, das vom Irrealis ausgeht, sichtbar wird. Eine solche Vollform kann vor allem bei der Übersetzung von Gesetzestexten nötig werden; denn hier geht es ja oft darum, möglichst alle Fälle abzudecken.

____

____

____

____

____

____

____

____

____

____

____

____

____

Beispiel 2:
Übersetzen Sie den folgenden Abschnitt, der ebenfalls einen Irrealis enthält (unterstrichen):

> Bei einem kinderlosen Ehepaar stirbt die Ehefrau. Deren Mutter lebt noch. Der Ehemann erbt, da keine Erben der ersten Ordnung vorhanden sind, zu ¾. […] Die Mutter der Erblasserin bekommt ¼.
> Wenn auch der Vater noch lebte, hätten beide Elternteile je ⅛ geerbt.
> (ERB-A, S. 7)

Übersetzungspfad für Potenzialis und Irrealis:

A. Übersetzen Sie den Potenzialis so wie Konditionale im Indikativ; verwenden Sie für die Bedingung einen Fragesatz und für die Konsequenz einen *dann*-Satz.
B. Übersetzen Sie den Irrealis so wie Kausalsätze im Indikativ. Verwenden Sie für die Bedingung einen Aussagesatz und für die Konsequenz einen *deshalb*-Satz.
C. Bei einer vollständigen Übersetzung des Irrealis geben Sie beide Szenarien, die vom Irrealis ausgehen, wieder.

Zeitformen

Im Deutschen werden gegenwärtige Ereignisse mit dem Präsens *(spielt)* ausgedrückt. Vergangene Ereignisse werden mit dem Perfekt *(hat gespielt)*, dem Präteritum *(spielte)* oder dem Plusquamperfekt *(hatte gespielt)* ausgedrückt, Zukünftiges kann im Futur *(wird spielen / wird gespielt haben)* stehen, wird aber meistens mit dem Präsens wiedergegeben.

In Leichter Sprache sind nur das Perfekt (für Vergangenes) und das Präsens (für Gegenwärtiges und Zukünftiges) erlaubt (s. Ratgeber, Kap. 7.6; Grundlagenwerk, Kap. 8.1.2.3 und 11.3.1.1).

Hinweis: Die Modalverben *(wollen, können, sollen, müssen, dürfen, mögen)* und die Hilfsverben *haben* und *sein* und in einigen Fällen auch *geben (es gab)* dürfen auch in Leichter Sprache im Präteritum stehen.

Umgang mit Präteritum/Plusquamperfekt

Die Beschränkung auf zwei Zeitformen (Präsens und Perfekt) kann Sie als Übersetzer manchmal in Schwierigkeiten bringen, denn in manchen Texten sind mehr als zwei Zeitstufen nötig:

> Agenturmeldung vom 10. November 2015
> Im Prozess um den tödlichen Massenunfall im Sandsturm bei Rostock im April 2011 ist ein 53-jähriger Lkw-Fahrer wegen fahrlässiger Tötung zu einer Geldstrafe von 3 600 Euro verurteilt worden. Der Richter sah es am Dienstag als erwiesen an, dass der Lastwagenfahrer den Tod eines Autofahrers mitverursacht hat […]. Die Verhandlung war nötig geworden, weil der 53-Jährige einem Strafbefehl widersprochen hatte. Darin war er zu sieben Monaten Haft auf Bewährung verurteilt worden. Zu diesem Zeitpunkt war die Staatsanwaltschaft noch von einer Alleinschuld des Mannes ausgegangen.
> (SAND-A)

Ordnen Sie in diesen Fällen vor einer Übersetzung die Ereignisse chronologisch. Legen Sie dafür einen Zeitstrahl an:

Unfall	Strafbefehl (7 Monate Haft)	Widerspruch	Gerichtsverhandlung (3 600 Euro Strafe)
April 2011			November 2015

Auf dieser Basis können Sie eine Übersetzung anfertigen, die der Chronologie der Ereignisse folgt. Im gegebenen Fall handelt es sich um einen Nachrichtentext. Darum muss zuerst der Anlass für den Text benannt werden: die eigentliche Nachricht. Dann kann chronologisch berichtet werden.

1. Nachricht: 3 600 Euro Strafe
2. Unfall und Unfallhergang vor vier Jahren
3. Strafbefehl der Staatsanwaltschaft (7 Monate Haft)
4. Widerspruch
5. Bogenschlag zum Ausgangspunkt: Aufhebung des Strafbefehls und Geldstrafe

Alternativ dazu können Sie für die Leser(innen) eine Art Rahmensetzung vornehmen. Gehen Sie auch hier chronologisch vor und beginnen Sie nach der Nennung des Anlasses mit dem frühesten Ereignis. Im vorliegenden Fall nehmen wir an, der Strafbefehl sei im Mai 2011 ergangen, und verkürzen aus Gründen der Ökonomie die Aussagen unter den Datumsangaben:

> Ein Lkw-Fahrer muss 3 600 Euro Strafe bezahlen.
> Was ist passiert?
> April 2011:
> Auf der Auto·bahn A 19 hat es einen Unfall gegeben.
> Der Grund für den Unfall
> war ein Sand·sturm.
> Viele Autos sind zusammen·gestoßen.
> Mai 2011:
> Strafbefehl und Widerspruch
> November 2015:
> Gerichtsverhandlung und Geldstrafe

Aufgabe 57: Umgang mit Präteritum/Plusquamperfekt

Machen Sie sich den Unterschied zwischen den beiden Lösungen klar, die wir oben vorgeschlagen haben.

Überlegen Sie: In welchen Fällen könnte die erste, in welchen die zweite Lösung besser sein?

Die erste Lösung ist besser:

____

____

____

____

____

Die zweite Lösung ist besser:

____

____

____

____

____

Umgang mit dem Futur

Das Futur wird gebraucht, um Künftiges auszudrücken. Wichtig ist darüber hinaus seine Funktion als Form des Vermutens, wobei Zukünftiges und Vermutetes häufig dicht beieinanderliegen:

> Sie werden eventuell feststellen, dass Ihre Symptome Ihre täglichen Aktivitäten einschränken.
> (PAH-A, S. 4)

In diesem Beispiel ist die Vermutung selbst schon mit *eventuell* ausgedrückt. Manchmal wird das Futur aber auch ohne solche Zusatzwörter für Vermutungen verwendet:

> Ihr behandelnder Arzt wird versuchen, Ihre Symptome so zu verbessern, dass Sie eine möglichst niedrige Stufe erreichen und diese so lange wie möglich halten.
> (PAH-A, S. 5)

Wenn das Futur Vermutung ausdrückt, arbeiten Sie den Vermutungscharakter mit einem Zusatz wie *vielleicht, wahrscheinlich* oder *bestimmt* heraus:

> Wahrscheinlich kann Ihr Arzt
> Ihre Symptome verbessern.
> Sie kommen dann vielleicht wieder
> auf eine niedrigere Stufe.
> Und Sie können diese niedrigere Stufe dann
> vielleicht noch länger halten.
> (eigene Übersetzung)

Aufgabe 58: Futur

Übersetzen Sie die folgenden Sätze. Achten Sie darauf, dass die vom Futur ausgehende Vermutung erhalten bleibt. Ziehen Sie bei Beispiel 1 auch den in eckigen Klammern angegebenen Kontext hinzu.

Beispiel 1:

> Menschen, die über PAH nicht informiert sind, werden Ihre Gefühle vielleicht nicht vollständig verstehen [es geht um Gefühle wie Angst, Trauer, Verzweiflung].
> (PAH-A, S. 8)

Beispiel 2:

> Genau wie Sie werden die Ihnen nahestehenden Menschen mehr über PAH erfahren und verstehen wollen und darüber, wie PAH sich auf Ihr Leben auswirkt. Erklären Sie ihnen Ihre Erkrankung mit Ihren eigenen Worten [...].
> (PAH-A, S. 9)

Beispiel 3:

> Auch wenn das Annehmen von Hilfe für Sie bisher ungewohnt ist, werden Sie feststellen, dass Sie dadurch auch anderen etwas zurückgeben können.
> (PAH-A, S. 10)

Wortstellung

Die Wortreihenfolge im Deutschen ist nicht fest. Beliebige Varianz gibt es aber auch nicht. Um zu beschreiben, wie Wörter in Sätzen angeordnet sind, benutzt man das sogenannte Feldermodell, das wir unten abgebildet und mit drei Sätzen gefüllt haben (s. Ratgeber, Kap. 7.8; Grundlagenwerk, Kap. 10.3): Im sogenannten Vorfeld kann nur eine Einheit stehen (z. B. das Subjekt wie in Satz 1 und 2 oder eine adverbiale Bestimmung wie in Satz 3). In der linken Klammer steht in Aussagesätzen die gebeugte Verbform, die das Prädikat bildet (wie in Satz 1). Ist das Prädikat geteilt (*wollen helfen* in Satz 2, *haben gemacht* in Satz 3), steht die nicht gebeugte Verbform (hier: *helfen* bzw. *gemacht*) in der rechten Klammer. Zwischen den ersten und den zweiten Prädikatsteil können weitere Elemente treten (z. B. *Sie ein Testament* in Satz 3); sie stehen dann im Mittelfeld. Die Position der Prädikatsteile selbst ist aber fest. Sie klammern die anderen Elemente ein.

	Vorfeld	**linke Klammer**	**Mittelfeld**	**rechte Klammer**
1	Die anderen	helfen	Ihnen gern	
2	Die anderen	wollen	Ihnen gern	helfen
3	Vielleicht	haben	Sie ein Testament	gemacht

Lange Mittelfelder

Vergleicht man die Sätze 1 und 2 miteinander, kann man sehen, welche Leseprobleme mit der Klammerstruktur bei zweigeteilten Prädikaten auftreten können: Das Hauptverb, also das Verb, das die wichtigste Bedeutung trägt (hier: *helfen*), kommt in Satz 2 sehr spät.

Wenn möglich, formulieren Sie Ihre Sätze in Leichter Sprache so, dass das Hauptverb in der linken Klammer steht.

Schreiben Sie also nicht:

> Ihre Erben müssen sich dann später
> **keinen** Erbschein holen.

sondern:

> Ihre Erben brauchen dann später
> **keinen** Erbschein.

Aufgabe 59: Einteilige Prädikate

Übersetzen Sie die folgende Passage. Verwenden Sie dabei nur einteilige Prädikate.

> Ein eigenhändiges Testament können Sie selbst aufbewahren oder einer Person Ihres Vertrauens übergeben. Sie können es aber auch gegen eine Gebühr bei einem Amtsgericht hinterlegen. Dort ist für sichere Aufbewahrung gesorgt.
> (ERB-A, S. 17)

____

____

____

____

____

____

____

____

____

____

____

Die Verwendung einteiliger Prädikate ist aber nicht immer möglich, z. B. dann nicht, wenn Sie das Perfekt brauchen. Vermeiden Sie in diesen Fällen zu lange Mittelfelder. Die Leser(innen) erreichen das Hauptverb dann schneller und kommen störungsfreier zu einer Gesamtinterpretation des Satzes.

Aufgabe 60: Mittelfeld optimieren

> Der Lkw-Fahrer sei bei dem Unfall im April 2011 auf der A 19 zu schnell in die Sandwolke hineingefahren. Dann sei er mit einem vor ihm fahrenden Lastwagen zusammengestoßen.
> (SAND-A, abgewandelt)

a. Analysieren Sie die gegebenen Sätze, die wir hier für Übungszwecke ein wenig abgewandelt haben, in Bezug auf die Wortfolge. Tragen Sie sie dafür in ein Feldermodell ein.

Vorfeld	linke Klammer	Mittelfeld	rechte Klammer

b. Übersetzen Sie die Sätze so, dass Sie entweder auf geteilte Prädikate verzichten oder möglichst kurze Mittelfelder erzeugen; setzen Sie Mittelfeldkonstruktionen in geschweifte Klammern.

Im April 2011 gab {es einen Unfall}.

Der Unfall ____

____

____

Subjekt – Prädikat – Objekt (SPO)

In Leichter Sprache gilt ein weiterer wichtiger Grundsatz bei der Wortreihenfolge: Wählen Sie bei Aussagesätzen, wenn sonst nichts dagegenspricht, die Reihenfolge Subjekt – Prädikat – Objekt(e) (SPO). Sie ist die häufigste Reihenfolge im Deutschen und diejenige, die am leichtesten zu verarbeiten ist. Das Definierende an dieser Abfolge ist, dass das Subjekt dabei am Anfang des Satzes steht: *Der Arzt hat PAH diagnostiziert*.

In Ausgangstexten finden Sie aber häufig Beispiele (Vorfelder unterstrichen), in denen von der SPO-Folge abgewichen wird:

1. Menschen, die über PAH nicht informiert sind, werden Ihre Gefühle vielleicht nicht vollständig verstehen.
2. Für sie sehen Sie äußerlich gesund aus und wirken auch so.
3. Unter diesem äußeren Erscheinungsbild kämpfen Sie jedoch mit einer ganzen Reihe von Gefühlen und Einschränkungen.
4. Sie möchten vielleicht einige Informationen zu den Auswirkungen der Krankheit mit anderen teilen.

(PAH-A, S. 8)

Hier steht nur in Satz (1) und in Satz (4) das Subjekt am Anfang des Satzes. Im zweiten Satz wird das Subjekt des ersten Satzes als Thema weitergeführt und steht deshalb am Anfang *(Für sie)*; das neue Satzsubjekt ist aber *Sie*, das erst im Mittelfeld folgt. Im dritten Satz steht das äußere Erscheinungsbild im Vordergrund und wird deshalb erstplatziert.

Mit der Vorfeldbesetzung führt der Schreiber den Leser demnach durch den Text: Er signalisiert damit, ob ein Thema beibehalten oder gewechselt wird und was im Vordergrund steht. Das Anzeigen von Themenwechseln kann auch in Leichter Sprache ein guter Grund sein, von der SPO-Regel abzuweichen.

Hinweis: Wörter wie *und*, *aber* und *oder*, also reihende Bindewörter, werden nicht mitgezählt. Sie lassen die Satzstruktur unberührt: Wenn sie am Anfang des Satzes stehen, steht das Subjekt also weiter im Vorfeld, gefolgt vom Prädikat. Die gewünschte Reihenfolge der Wörter im Satz, SPO, ist damit eingehalten.

Im folgenden Zieltext wurde die SPO-Reihenfolge viermal eingehalten, zweimal nicht.

> Der Lkw-Fahrer ist zu schnell gefahren.
> Und der Lkw-Fahrer hat **nicht** richtig aufgepasst.
> Deshalb hat der Lkw-Fahrer den Sand·sturm zu spät gesehen.
> Und der Lkw-Fahrer hat **nicht** gebremst.
> Deshalb hat der Lkw-Fahrer eine Mit·schuld an dem Unfall.
> (SAND-L, abgewandelt)

Die ersten beiden Sätze beginnen jeweils mit dem Subjekt *(der Lkw-Fahrer)*. Im dritten Satz dagegen wurde das Adverb *deshalb*, mit dem eine kausale Verbindung angezeigt wird, nach vorne geholt. Der Leser weiß also, noch bevor er den nächsten Satz kennt, wie er ihn auf den vorangehenden beziehen muss. Damit wird der Zusammenhalt der Einzelsätze gestärkt. Ein solches Verfahren kann eine wirksame Lesehilfe darstellen. Wägen Sie bei Ihren eigenen Übersetzungen deshalb jeweils ab, ob die einfache Reihenfolge (SPO) oder die Verknüpfung (hier: *deshalb*) größeres Gewicht haben soll.

Aufgabe 61: Richtige Wortreihenfolge (SPO)

Im folgenden Textabschnitt sind Verwandte von PAH-Patienten adressiert.

a. Fertigen Sie eine Übersetzung an. Achten Sie dabei vor allem auf die SPO-Reihenfolge.
b. Wenn Sie davon abweichen, begründen Sie Ihre Entscheidung.

> Sich um jemanden mit PAH zu kümmern, kann mit der Zeit Einfluss auf Ihren eigenen Alltag haben. [...] Im Laufe der Zeit, wenn Sie mehr Verantwortung übernehmen, werden sich noch weitere Veränderungen ergeben. Sie müssen vielleicht Ihre Arbeitsbedingungen oder Lebensbedingungen verändern. In manchen Fällen kann dies die finanzielle Situation verändern. Welche Veränderungen oder Herausforderungen auch immer auf Sie zukommen, Ihnen steht Unterstützung zur Verfügung.
> (PAH-A, S. 23)

a. Übersetzung

b. Begründung für Abweichungen von der SPO-Folge

Übersetzungspfad für die Wortfolge:

A. Beachten Sie die SPO-Folge, stellen Sie also das Subjekt voran. Weichen Sie davon nur ab, wenn es gute Gründe gibt (z. B. Themenwechsel, Stärkung des Zusammenhaltes von Sätzen).
B. Wählen Sie wenn möglich einteilige Prädikate.
C. Muss ein zweiteiliges Prädikat gewählt werden, achten Sie auf kurze Mittelfelder.

Negation

Normalerweise will man mitteilen, was der Fall ist. Es kann aber auch vorkommen, dass man sagen muss, was nicht der Fall ist, etwa dann, wenn man davon ausgehen muss, dass der Leser oder die Leserin das Gegenteil erwarten könnte (wie in dem folgenden Beispiel 1) oder weil man eine Äußerung aus Höflichkeitsgründen abmildern möchte (wie in Beispiel 2):

Beispiel 1:

> Das Allerwichtigste zuerst: Sie sind nicht allein.
> (PAH-A, S. 2)

Beispiel 2:

> Die Diagnose PAH ist sicher keine einfache Erfahrung.
> (PAH-A, S. 2)

Sprachlich begegnet uns die Negation in sehr verschiedenen Gewändern: Sie kann z. B. mit den Wörtern *nein, nicht, niemals, nirgends* ausgedrückt werden, sie kann in einem Artikel stecken (*k-ein*) und sie kann auch in Wörter eingelagert sein (*unwiderruflich, Nichtbeachtung).*

Kognitiv ist die Negation nicht ganz einfach zu verarbeiten. Denn mit der negierten Aussage wird zugleich die nichtnegierte Aussage aufgerufen, die verneint werden muss:

> Sie sind allein.
> > **Nein:** Sie sind **nicht** allein.
>
> Die Diagnose PAH ist eine einfache Erfahrung.
> > **Nein:** Die Diagnose PAH ist **keine** einfache Erfahrung.

Zusätzlich sind die sprachlichen Mittel, mit denen die Negation ausgedrückt wird, fast alle sehr kurz, sodass sie leicht übersehen werden können. Dies gilt vor allem dann, wenn sie in anderen Wörtern verborgen sind.

In Leichter Sprache machen Sie deshalb nur behutsam Gebrauch von der Negation. Nutzen Sie sie nur dort, wo keine Alternative möglich ist (s. Ratgeber, Kap. 7.7; Grundlagenwerk, Kap. 11.3.3.2).

Für Beispiel 1 ist eine nichtnegierte Übertragung möglich:

> Das Wichtigste zuerst:
> Sie bekommen Hilfe.
> Ihre Verwandten und Freunde helfen Ihnen.
> Und die Ärzte helfen Ihnen.
> (eigene Übersetzung)

Tipp: Manchmal kann es nützlich sein, die Erwartung, die in der negierten Aussage des Ausgangstextes steckt, in den Zieltext zu übernehmen:

Vielleicht denken Sie jetzt:
Sie sind allein.
Aber Sie bekommen Hilfe:
Ihre Familie und Ihre Freunde helfen Ihnen.
Und die Ärzte helfen Ihnen.

Aufgabe 62: Negation

Versuchen Sie die folgenden Passagen so zu übersetzen, dass Sie ohne Negation auskommen.

Beispiel 1:
Die Diagnose PAH ist sicher keine einfache Erfahrung.
(PAH-A, S. 2)

Beispiel 2:
Außerdem lebt ein Sohn des Erblassers, der aus einer nichtehelichen Verbindung stammt.
(ERB-A, S. 9)

Beispiel 3:
Das Urteil ist noch nicht rechtskräftig.
(SAND-A)

Wenn Sie die Negation in Ihrer Leichte-Sprache-Übersetzung benötigen, müssen Sie auch entscheiden, welches Mittel Sie einsetzen wollen. Nicht alle Negationsmittel sind für die Leichte Sprache gleich gut geeignet:

Negationsausdrücke, in denen außer der Negation noch mehr Bedeutungen stecken (z. B. *niemals:* Zeit, *nirgends:* Ort), sind schwerer zu verarbeiten als einfache Negationsausdrücke wie *nicht.*

Schwer zu verarbeiten und insgesamt schwer aufzufinden sind Negationsausdrücke, die in Wörtern eingelagert sind (z. B. *Unklarheit, ungewiss, Nichteinhaltung*). Auch beim Negationsausdruck *kein* handelt es sich um eine Zusammensetzung aus dem Negationsmarker *k* und dem Artikel *ein.*

Der geeignetste Negationsausdruck für Leichte Sprache ist demnach *nicht.* Er transportiert keine zusätzlichen Bedeutungen, steht frei im Text und ist nicht zusammengesetzt. Manchmal werden Sie aber auch *kein* brauchen.

Hinweis: Wenn Sie einen Negationsausdruck brauchen, setzen Sie ihn im Text fett. Er kann dann weniger leicht überlesen werden.

Aufgabe 63: Negation – Übersetzungsanalyse

In der Übersetzung der PAH-Broschüre hat sich die Übersetzerin an insgesamt 19 Stellen entschieden, die Negation zu verwenden. 16-mal hat sie die *n*-Negation gewählt (*nicht/nichts*), 3-mal die *k*-Negation (*kein*), die für Leichte Sprache eigentlich weniger geeignet ist.

Ist es möglich, in den Beispielen 1–3 die Sätze, die eine *k*-Negation enthalten, in Konstruktionen mit *n*-Negation umzuwandeln oder die Negation hier ganz zu vermeiden?

Beispiel 1:
Sprechen Sie vor der Reise mit Ihrem Arzt.
Ihr Arzt kennt sich mit PAH gut aus.
Und Ihr Arzt kann Ihnen gute Tipps geben.
Dann können Sie in den Urlaub fahren.
Und Sie müssen sich im Urlaub
keine Sorgen machen.
(PAH-L, S. 30)

Beispiel 2:

Am Anfang macht PAH
nur wenige Beschwerden.
Das heißt:
Sie haben **keine** Schmerzen.
Und Sie merken fast **nichts**.
(PAH-L, S. 10)

Beispiel 3:

Alkohol ist schlecht für Ihre Medikamente.
Mit Alkohol wirken Ihre Medikamente nämlich **nicht** richtig.
Dann werden Ihre Symptome schlimmer.
Deshalb sollen Sie **keinen** Alkohol trinken.
Oder nur ganz wenig.
Fragen Sie am besten Ihren Arzt.
(PAH-L, S. 23)

Aufgabe 64: Negation – *un*-Präfigierung

Übersetzen Sie die folgenden Negationen mit *un-* aus der PAH-Broschüre. Versuchen Sie dabei, die Negation zu vermeiden; wenn das nicht möglich ist, wählen Sie eine Konstruktion mit *nicht*. Wenn auch das nicht möglich ist, verwenden Sie *kein*.

Beispiel 1:

Die Anzeichen der PAH beginnen zunächst unscheinbar.
(PAH-A, S. 4)

Beispiel 2:

Ein schneller und/oder unregelmäßiger Herzschlag (auch als Palpitation bezeichnet)
(PAH-A, S. 4)

Beispiel 3:

Unabhängig von der Art, die Sie haben, können die Behandlungsoptionen die gleichen und gleich erfolgversprechend sein.
(PAH-A, S. 6)

Übersetzungspfad für die Negation:

A. Vermeiden Sie Negationen, wo es möglich ist.
B. Wenn Sie negieren müssen: Verwenden Sie vorzugsweise *nicht* oder *nichts*.
C. Wenn das nicht möglich ist, verwenden Sie *kein*.
D. Überlegen Sie, ob es sinnvoll ist, die von der Negation ausgehende Erwartung in Ihren Text aufzunehmen *(Sie denken jetzt bestimmt: …, aber …)*.
E. Setzen Sie den Negationsausdruck fett.

5. Texte in Leichter Sprache

Bis hierher haben Sie an einzelnen Wörtern, grammatischen Formen und Sätzen gearbeitet. Ein Übersetzungsauftrag besteht aber normalerweise darin, Texte zu übersetzen. Und Texte müssen so gebaut sein, dass die Leser(innen) am Ende nicht nur die Teile in der Hand haben, sondern ein Gesamtverständnis aufbauen können. Oft ist es sogar so, dass uns erst der Text sagt, wie ein Wort oder ein Satz zu verstehen ist. In einer Broschüre ist ein Satz vielleicht eine Empfehlung, in einem Gesetzestext kann derselbe Satz eine Anweisung sein.

Die von Texten ausgehenden Bedeutungen in Leichter Sprache herauszuarbeiten, ist nicht ganz einfach. Denn viele Mittel, die uns normalerweise als Werkzeuge für die Herstellung von Texten und Textbedeutungen dienen und die uns auch Hinweise auf Textsorten (z. B. Nachrichtentext, Gebrauchsanweisung, Rezept) geben, stehen in Leichter Sprache nicht zur Verfügung.

Außerdem haben Texte in Leichter Sprache die Tendenz, länger zu werden als die Ausgangstexte: Fach- und Fremdwörter werden erläutert, implizite Informationen an die Oberfläche geholt; hinzu kommt das Layout: jeder Satz auf eine neue Zeile, höhere Schriftgröße etc.

Häufig ist es jedoch ungünstig, der leseschwachen Zielgruppe Texte vorzulegen, die länger sind als der Ausgangstext. Übersetzer(innen) müssen dann in die Informationsstruktur des Textes eingreifen. Das stellt auch einen Eingriff in das Informationsrecht der Adressatenschaft dar und ist darum immer eine Gratwanderung. Allerdings eine notwendige: Wenn die Adressat(inn)en die Texte aufgrund ihrer Länge nicht mehr lesen können, ist auch nichts gewonnen.

Die Übersetzer(innen) müssen also zunächst die zentralen Informationen ihres Texts ermitteln. Wichtig ist auch herauszufinden, wer genau die Adressat(inn)en sind und wie die Natur ihrer Leseeinschränkung ist: Liegt neben der Leseschwäche auch eine kognitive Beeinträchtigung, d. h. eine geistige Behinderung, vor?

Schließlich ist zu beachten, in welcher Situation die Texte eingesetzt werden sollen und in welchem Medium sie erscheinen: Soll es sich um einen gedruckten Text handeln oder um eine Onlinepublikation? Soll der Text nur gelesen oder auch gehört werden? Dient Ihr Text als Textbaustein in einem Gespräch oder für die eigenständige Lektüre?

Alle diese Fragen haben Auswirkungen darauf, wie Sie Ihren Text gestalten. Sie sollten daher Ihren Text immer zuerst von der Textebene her planen; die Arbeit an Wörtern und Sätzen kommt danach.

Mehr zur Textebene finden Sie im Ratgeber (Kap. 5 und 8) sowie im Grundlagenwerk (Kap. 12).

Informationsauswahl

Aufgabe 65: Informationsauswahl reflektieren

In Anhang 1 finden Sie einen zusammenhängenden Textausschnitt aus der Broschüre »vererben – erben« (ERB-A) und die Übersetzung dieses Textausschnitts in Leichte Sprache (ERB-L). Sie werden feststellen, dass die Übersetzer(innen) nicht alle Informationen aus dem Ausgangstext übernommen haben.

Prüfen Sie:

- Welche Informationen sind in den Leichte-Sprache-Text übernommen worden?

___

___

___

___

___

___

___

- Welche Informationen sind nicht übernommen worden?

___

___

___

___

___

___

___

■ An welchen Stellen ist der Text in Leichter Sprache ausführlicher als der Ausgangstext?

■ Sind Sie mit den Entscheidungen der Übersetzer(innen) bezüglich der Informationsauswahl einverstanden?

■ Hätten Sie anders entschieden und wenn ja, an welchen Stellen und wie?

Textsorten

Aufgabe 66: Textsorten

Die folgende Tabelle stellt einige der sprachlichen Mittel, die wir bis jetzt besprochen haben, noch einmal zusammen:

- Vergeben Sie ein Plus (+), wenn Sie der Ansicht sind, dass ein Phänomen für eine bestimmte Textsorte besonders typisch ist.
- Vergeben Sie ein Minus (–), wenn Sie der Ansicht sind, dass ein Phänomen für eine bestimmte Textsorte besonders untypisch ist.

Wenn Sie unsicher sind, lassen Sie die Übungen, die Sie bislang gemacht haben, noch einmal Revue passieren. Die dortige Textauswahl war nicht zufällig.

	Rechtsbroschüre	Medizinbroschüre	Nachrichtentext
Fremdwörter			
Fachwörter			
Nominalgefüge			
Passiv			
indirekte Rede (Konjunktiv)			
Potenzialis/ Irrealis (Konjunktiv)			
Präteritum/ Plusquamperfekt			

Vielleicht haben Sie nicht in allen Punkten dieselben Entscheidungen getroffen, wie Sie sie im Lösungsvorschlag zu dieser Aufgabe finden.

Ihre Einschätzungen sollten aber Folgendes zeigen: Es gibt sprachliche Mittel, die für bestimmte Textsorten besonders typisch sind, für andere eher untypisch. Wir vermuten, dass Sie beim Präteritum/Plusquamperfekt den Nachrichtentext vorn sehen, bei den Fachwörtern Texte aus Medizin und Recht. Es gibt demnach sprachliche Mittel, die Leser und Leserinnen auf bestimmte Textsorten hinweisen.

In Leichter Sprache dürfen all diese Mittel nicht oder nur sehr dosiert verwendet werden. Damit entfällt auch diese wichtige Orientierungsfunktion. Texte in Leichter Sprache wirken alle sehr ähnlich;

ein Rückschluss auf die Textsorte ist kaum möglich. Dabei ist die Kenntnis der Textsorte von herausragender Bedeutung. Wenn den Leser(inne)n die Textsorte, zu der ein Text gehört, bekannt ist, dann können sie Erwartungen über diesen Text ausbilden. Ein Leser mit Leseerfahrung weiß, noch bevor er den Text liest:

- Für wen ist ein Text geschrieben (z. B. für Kinder oder für Erwachsene)?
- Welchen Status hat das Geschriebene (z. B. fiktional vs. real)?
- Auf welchen Weltausschnitt bezieht sich das Geschriebene?
- Welche Textmuster sind erwartbar (z. B. eine Erzählung, eine Beschreibung, eine Argumentation)?
- Welche Sorten von Informationen sind erwartbar (z. B. Faktenwissen oder Empfehlungen)?
- Wie verbindlich sind die Informationen (Ratschlag oder Anweisung)?
- Wie ausführlich sind die Informationen (z. B. Überblick wie in einem Lexikonartikel oder spezielle Fachkenntnisse wie in einem wissenschaftlichen Aufsatz)?

Die sprachlichen Mittel sind nicht die einzigen Hinweise, die Schreiber(innen) nutzen, um Leser(innen) auf die Textsorte zu orientieren. Wenn Sie sich Texte wie juristische Informationsbroschüren (ERB-A), Patientenratgeber (PAH-A) oder Nachrichten (SAND-A) ansehen, entdecken Sie noch eine Menge mehr Textsortenhinweise. Dazu gehören z. B. Titel, Überschriften, Gliederungen, Vorworte, Herkunftsmarkierungen (z. B. Justizministerium, dpa), teilweise auch die explizite Benennung der Textsorte gleich auf der Titelseite *(Diese Broschüre widmet Ihnen …)*. Besonders versierte Leser(innen) können auch aus den Hinweisen auf Verlage ihre Schlüsse ziehen.

Die primären Adressat(inn)en von Texten in Leichter Sprache können solche Hinweise jedoch kaum deuten. Sie haben wenig Erfahrungen mit schriftlichen Texten. Außerdem werden, wie wir gesehen haben, in Leichter Sprache die Unterschiede zwischen den Textsorten teilweise eingeebnet. Es gilt darum, den Leser(inne)n mit den Mitteln der Leichten Sprache Informationen darüber zu geben, welchen Status die Texte haben und welche Art von Informationen sie aus ihnen ziehen können.

Besonders gut geeignet für Texte in Leichter Sprache ist ein Vorwort. Darin können Sie die Leser(innen) direkt ansprechen und sie darauf vorbereiten, was sie erwartet.

Ein Vorwort schreiben – den Leser direkt ansprechen

Ein gutes Beispiel finden Sie in der Erbrechtsbroschüre:

> Liebe Leser,
> ich bin Justiz·ministerin in Niedersachsen.
> Meine Mitarbeiter und ich haben ein Heft
> über das Erb·recht geschrieben.
> Alle Menschen sollen das Erb·recht verstehen.
> Darum haben wir das Heft auch
> in Leichter Sprache geschrieben.
> Wir möchten Sie über das Erben informieren.
> Und wir möchten Sie über das Vererben
> informieren.
> In dem Heft stehen viele wichtige Informationen.
> Zum Beispiel:
> Wer kann erben?
> Was können Sie vererben?
> Wie schreiben Sie ein Testament?
> (ERB-L, S. 3)

Manchmal kann es sinnvoll sein, im Vorwort die Textsorte ausdrücklich anzukündigen:

> Lieber Leser,
> liebe Leserin,
> wir möchten Sie über die Krankheit PAH
> informieren.
> Deshalb haben wir diese Broschüre geschrieben.
> Diese Informationen finden Sie in der Broschüre:
> Sie erfahren die wichtigsten Sachen
> über PAH.
> Sie lernen:
> Welche Zeichen gibt es für PAH?
> Was kann ich noch machen?
> Was kann ich **nicht** mehr machen?
> Was kann ich gegen PAH machen?
> Was kann mein Arzt gegen PAH machen?
> Wer kann mir noch helfen?
> (eigene Übersetzung)

Hinweis 1: Bei der Übersetzung von Texten in Leichte Sprache bleibt die ursprüngliche Textsorte nicht immer erhalten. Zum Beispiel verlieren juristische Texte ihre Rechtskräftigkeit. Auch dies können Sie in Ihrem Vorwort thematisieren:

Haftungs·ausschluss

Der Text in Leichter Sprache soll Sie
nur informieren.
Der Text ist nur ein Zusatz·angebot.
Der rechts·gültige Text ist das Gesetz.
Der Text in Leichter Sprache ist
rechts·unwirksam.
Das heißt:
Mit dem Text in Leichter Sprache können
Sie **keine** Ansprüche erheben.
Das Heft ist **keine** rechtliche Beratung.
(ERB-L, S. 2)

Hinweis 2: In einem Vorwort können Sie auch über Leichte Sprache sprechen:

Liebe Leserin,
Lieber Leser,

dieser Text ist für Sie vielleicht sehr leicht.
Dieser Text ist nämlich in Leichter Sprache
geschrieben.
So soll der Text besonders barrierefrei sein.
Das heißt:
Sehr viele Menschen sollen den Text
verstehen können.
(PAH-L, S. 2)

Ähnlich wie ein Vorwort funktionieren Kurzzusammenfassungen, mit denen Sie die wichtigsten Informationen eines Textes gebündelt an den Anfang stellen, sodass die Leser(innen) über den Weltausschnitt orientiert sind, der sie erwartet. Die Übersetzung des Nachrichtentextes gibt dafür ein Beispiel. Sie beginnt mit einer Kurzzusammenfassung:

Bei Rostock gab es vor 4 Jahren
einen schweren Unfall.
Jetzt hat das Gericht einen Lkw-Fahrer verurteilt.
Der Lkw-Fahrer ist nämlich zu schnell gefahren.
(SAND-L)

Aufgabe 67: Zusammenfassung schreiben

Sie haben die Aufgabe, für den folgenden Textabschnitt eine Zusammenfassung in Leichter Sprache zu schreiben. Welche Informationen greifen Sie auf? Unterstreichen Sie hierfür relevante Textstellen (Schlüsselwörter) und fassen Sie den Inhalt in maximal vier Zeilen zusammen.

Tipp: Die Markierung von Schlüsselstellen im Ausgangstext kann Ihnen helfen, Ihre Zusammenfassung vorzubereiten. Sie verschafft Ihnen insgesamt einen Überblick über das Textthema oder die Textthemen und eignet sich deshalb auch für die Vorbereitung Ihrer Übersetzung.

Wenn es schwer für Sie ist, mit Ihrer Familie oder Ihren Freunden über alles [gemeint sind die Auswirkungen der PAH] zu reden, sprechen Sie Ihren behandelnden Arzt an. Dieser wird Ihnen helfen, eine Person in Ihrer Nähe zu finden, mit der Sie sprechen können, wie z. B. einen Sozialarbeiter, Berater oder Psychologen. Es gibt Menschen, die täglich mit PAH zu tun haben und Ihnen mit Rat und Tat zur Seite stehen können. Patientenorganisationen können eine große Unterstützung sein und Ihnen Zuversicht verleihen, indem sie Ihnen bei allen Aspekten des täglichen Lebens beistehen. Die Kontaktinformationen zu einer Patientenorganisation in Ihrer Nähe finden Sie weiter hinten in dieser Broschüre.
(PAH-A, S. 9)

Kohärenz – der innere Zusammenhalt von Texten

In Texten stehen Sätze nicht unverbunden nebeneinander, sondern sind thematisch aufeinander bezogen. Besonders wichtig sind Verfahren der Einführung von Personen, Gegenständen und Sachverhalten sowie Verfahren der Wiederaufnahme und Weiterführung durch den Text.

Das wichtigste sprachliche Mittel der Wiederaufnahme und der Weiterführung sind in standardsprachlichen Texten Personalpronomen und Possessivpronomen der dritten Person. Sie stellen die Beibehaltung des Themas auch über Satzgrenzen hinweg sicher:

> Eine Witwe stirbt nach kinderloser Ehe. Ihr verstorbener Mann hatte aus erster Ehe einen Sohn, den sie wie ihr eigenes Kind großgezogen hat. Die Eltern der Erblasserin und ihr Bruder leben nicht mehr, wohl aber dessen Lebensgefährtin und der gemeinsame Sohn.
> (ERB-A, S. 8)

Dieser Textausschnitt zeigt zugleich auch ein weiteres Wiederaufnahmeverfahren: Im zweiten Satz wird die Witwe zur *Erblasserin*. Dieses Verfahren der Wiederaufnahme, eine neue Personenbezeichnung, dient oft dazu, die Perspektive auf die Person dem Textverlauf anzupassen. Im vorliegenden Fall geht es im zweiten Satz nicht mehr so sehr darum, dass es sich um eine Witwe handelt, sondern darum, dass die Witwe etwas hinterlässt, also nach ihrem Tod Erblasserin ist.

Aufgabe 68: Textuelle Wiederaufnahme

a. Unterstreichen Sie in der folgenden Passage alle Benennungen des Lkw-Fahrers.
b. Versuchen Sie, die Entscheidungen des Autors zu begründen: Wann hat er sich für ein Personalpronomen entschieden, wann für eine neue Bezeichnung?

> Rostock (dpa/mv) – Im Prozess um den tödlichen Massenunfall im Sandsturm bei Rostock im April 2011 ist ein 53-jähriger Lkw-Fahrer wegen fahrlässiger Tötung zu einer Geldstrafe von 3600 Euro verurteilt worden. Der Richter sah es am Dienstag als erwiesen an, dass der Lastwagenfahrer den Tod eines Autofahrers mitverursacht hat. Er sei auf der A 19 zu schnell in die Sandwolke hineingefahren und mit einem vor ihm fahrenden Lastwagen zusammengestoßen. Dadurch sei der vordere Lkw in das Fahrzeug eines Ehepaares geschoben worden. Der Ehemann starb, die Frau wurde schwer verletzt. Die Staatsanwaltschaft hatte dem Lasterfahrer vorgeworfen, das Sichtfahrgebot verletzt zu haben. Das Urteil ist noch nicht rechtskräftig.
> (SAND-A)

In Leichter Sprache ist sowohl die Wiederaufnahme mit Personalpronomen als auch die Wiederaufnahme mit einer neuen Bezeichnung verboten (s. Ratgeber, Kap. 6.3; Grundlagenwerk, Kap. 9.2.2.3). In den Regeln des Netzwerks Leichte Sprache (BMAS 2013: 25) wird das so ausgedrückt: »Benutzen Sie immer die gleichen Wörter für die gleichen Dinge.« Es fehlen in Leichter Sprache also wichtige Mittel zur Sicherung des inneren Zusammenhalts von Texten und zur thematischen Perspektivierung.

Deshalb ist es umso wichtiger, dass Sie für die Personen und Gegenstände in Ihrem Text eine möglichst aussagekräftige und dabei gut verständliche Bezeichnung finden, die zugleich gut identifizierbar ist und über den Text hinweg stabil bleibt.

Aufgabe 69: Personenbezeichnungen

Welche Bezeichnung für die Witwe, welche Bezeichnung für den Lkw-Fahrer würden Sie für Ihren Leichte-Sprache-Text auswählen?

Bedenken Sie, dass die gewählte Bezeichnung durch den gesamten Text konstant gehalten werden muss.

Begründen Sie Ihre Entscheidung.

In standardsprachlichen Texten stärken auch andere sprachliche Mittel den Textzusammenhalt: Dazu gehören z. B. Satzgefüge (Aufgaben **28** bis **41**), Reihungen (Aufgaben **42** bis **44**) oder optische Hinweise: Mit einem Absatz wird gezeigt, was zusammengehört; ein Absatzwechsel verweist normalerweise auf einen Themen- oder Perspektivwechsel.

In Leichter Sprache hingegen werden Satzgefüge in Einzelsätze aufgelöst, die Einzelsätze werden optisch isoliert und Reihungen werden nur sparsam verwendet. Mit dem Verzicht auf diese Mittel wird der innere Zusammenhalt von Texten weiter gelockert oder sogar vollständig aufgelöst.

Damit die Leser(innen) trotzdem zu einem Gesamtverständnis des Textes kommen können, müssen inhaltliche Zusammenhänge auf andere Weise sichtbar gemacht werden.

Zwischenüberschriften

Arbeiten Sie mit Zwischenüberschriften. Setzen Sie die Überschriften dabei fett, um sie von den Textinformationen abzusetzen. Die Übersetzung des Nachrichtentextes Sandsturm gibt Ihnen ein Beispiel.

> **Unfall im Sand·sturm: Geld·strafe für Lkw-Fahrer**
> Vor 4 Jahren gab es bei Rostock
> einen schweren Verkehrs·unfall.
> Jetzt hat das Gericht einen Lkw-Fahrer
> angeklagt.
> Und das Gericht hat den Lkw-Fahrer verurteilt.
> Jetzt muss der angeklagte Lkw-Fahrer
> eine Geld·strafe bezahlen.
>
> **Der Unfall**
> In dem Prozess ging es um einen Unfall.
> Der Unfall war im April 2011.
> Der Unfall war auf der A 19.
>   Die A 19 ist eine Auto·bahn bei Rostock.
> 60 Fahrzeuge sind bei dem Unfall
> kaputt gegangen.
> 8 Menschen sind bei dem Unfall gestorben.
> Und viele Menschen wurden verletzt.
> (SAND-L)

Aufgabe 70: Zwischenüberschriften setzen

Ermitteln Sie im folgenden Text Sinnabschnitte und vergeben Sie Zwischenüberschriften:

> Haben Sie schon einmal bedacht, was mit Ihrem Vermögen geschieht, wenn Sie nicht mehr sind? Wer das Einfamilienhaus bekommt, den Hausrat, das Auto, das Sparbuch? Sagen Sie nicht: »Dafür bin ich noch zu jung!« Auch wenn Sie gute Aussichten haben, noch lange zu leben, es kann Ihnen doch jeden Tag etwas zustoßen. Auch der jüngere Mensch sollte überlegen, ob sein Besitz nach seinem Tode so vererbt wird, wie er es für richtig hält.
> Im Bürgerlichen Gesetzbuch (BGB) ist festgelegt, wer einen Verstorbenen (den »Erblasser«) beerbt, wenn ein Testament (oder ein Erbvertrag) nicht vorhanden ist.
> (ERB-A, S. 5)

____

____

____

____

____

____

____

Tipp: Das Anlegen von Zwischenüberschriften im Ausgangstext kann Ihnen helfen, sich selbst Klarheit über die Themenführung zu verschaffen. Es eignet sich deshalb auch sehr gut zur Vorbereitung Ihrer Übersetzung.

Einrückungen

Auch mit der optischen Gestaltung können Sie dazu beitragen, dass der Textzusammenhalt deutlich wird. Ein wichtiges optisches Mittel ist die Einrückung. Einrückungen zeigen den Leser(inne)n z. B. Einbettungen von Informationen in andere an. Im vorliegenden Beispiel wird das Verhältnis zwischen Allgemeinem und Besonderem mit der Einrückung markiert:

Die Medikamente machen Ihre Symptome besser.
Zum Beispiel:
    Sie bekommen schlecht Luft.
    Dann nehmen Sie ein Medikament.
    Das Medikament hilft Ihrer Lunge.
    Das Medikament macht die Blut·gefäße in Ihrer Lunge größer.
    So kommt mehr Atem·luft in Ihre Lunge.
    Sie bekommen jetzt besser Luft.
(PAH-L, S. 15, abgewandelt / eigene Übersetzung)

Aufzählungszeichen

Aufzählungszeichen sind ein weiteres, sehr wirksames optisches Mittel. Mit ihnen können Sie die Reihung von Informationen (s. dazu auch Aufgaben **42**, **43** und **44**) sichtbar machen.

Sie haben jetzt viele Fragen.
Sie möchten wissen:
- Was ist PAH ganz genau?
- Wie werde ich mich fühlen?
- Was kann mein Arzt gegen PAH machen?
- Und was kann ich selbst gegen PAH machen?

(PAH-L, S. 5)

Hinweis: Es ist in Leichter Sprache für Aufzählungszeichen keine bestimmte Form vorgeschrieben. Auch in den Leichte-Sprache-Texten, aus denen wir zitieren, finden sich verschiedene Varianten (wie –, • oder ►), die im vorliegenden Arbeitsbuch vereinheitlicht wurden.

Aufgabe 71: Einrückungen und Gliederungssignale analysieren

Manchmal verwenden Übersetzer(innen) auch eine Kombination aus Aufzählungspunkten und zusätzlich darunter gesetzten Einrückungen. Außerdem können verschiedene Einbettungsebenen ausgewiesen sein.

Welche Bedeutung haben die Einrückungen und Aufzählungspunkte im folgenden Beispiel?

Vielleicht haben Sie aber schon Zeichen für PAH bemerkt.
Ihr Arzt sagt dazu: Symptome.
Manche Symptome gibt es am Anfang oft.
Zum Beispiel:
- Sie bekommen schwer Luft:
    Beim Treppen·steigen.
    Oder beim Laufen.
- Sie fühlen sich oft müde.
- Oder Ihnen wird oft schwindlig.

(PAH-L, S. 10, leicht abgewandelt)

____

____

____

____

____

____

____

Aufgabe 72: Optische Gliederung

In der PAH-Broschüre werden auch Ernährungsempfehlungen gegeben; sie sind bereits im Ausgangstext optisch gegliedert. Wir haben den Ausgangstext leicht gekürzt:

Ihr Arzt und die Sie betreuenden Fachkräfte können Ihnen eventuell mit Tipps wie den folgenden helfen, eine gesunde Ernährung einzuhalten:
- Achten Sie auf eine salzfreie Ernährung [...]
- Meiden Sie abgepackte und fertig zubereitete Lebensmittel oder Mahlzeiten, da diese häufig einen hohen Salz-, Fett- und Zuckergehalt haben [...]
- Essen Sie Obst, Gemüse und Vollkornprodukte
- Essen Sie Fisch und mageres Fleisch, wie z. B. Huhn

(PAH-A, S. 12, gekürzt, s. auch Anhang 2)

Übersetzen Sie diese Passage in Leichte Sprache. Entscheiden Sie dabei auch, ob Sie die Aufzählungszeichen in derselben Art verwenden wollen und wo Sie ggf. weitere Einrückungen vornehmen würden.

Den Text an die Adressatenschaft anpassen

Gemeinsam ist den Adressat(inn)en von Leichte-Sprache-Texten, dass sie Leseeinschränkungen haben. Darüber hinaus gibt es jedoch deutliche Unterschiede zwischen den verschiedenen Adressatengruppen. Personen mit geistiger Behinderung haben nicht nur sprachliche, sondern auch kognitive Einschränkungen. Werden die Textgegenstände zu abstrakt oder zu komplex, wird der Text zu lang, dann ist ein Text für diese Zielgruppe möglicherweise nicht lesbar, selbst wenn er sprachlich maximal leicht ist. Andere Teile der Adressatenschaft benötigen dagegen oft möglichst umfangreiche Informationen in Leichter Sprache. Hier müssen Sie als Übersetzer(in) in den Text so eingreifen, dass er für die geplante Adressatengruppe passend ist. Auch welche mediale Aufbereitung (beispielsweise eine zusätzliche Audiofassung) Sie wählen sollten, richtet sich danach, wer den Text am Ende rezipieren soll. Hinweise, was hier zu beachten ist, finden Sie im Ratgeber (Kap. 8.2.3). Eine ausführliche Darstellung der verschiedenen Adressatengruppen finden Sie im Ratgeber (Kap. 3) und im Grundlagenwerk (Kap. 5).

Aufgabe 73: Den Text an die Adressatenschaft anpassen

Überlegen Sie, wie Sie einen Text für unterschiedliche Adressatengruppen aufbereiten würden. Der Text soll für folgende Adressatengruppen optimiert werden:

1. Personen mit geistiger Behinderung
2. Personen mit prälingualer Hörschädigung
3. Personen mit Deutsch als Zweitsprache, die erst seit kurzer Zeit Deutsch lernen

Worauf müssen Sie achten und welche Anpassungen schlagen Sie vor? Konzentrieren Sie sich

a. auf die Informationsauswahl (behalten Sie alle Informationen bei?) und
b. auf eine passende mediale Aufbereitung (in welcher Form stellen Sie Ihren Text zur Verfügung?).

1. Anpassung für Personen mit geistiger Behinderung
a. Informationsauswahl:

b. Mediale Aufbereitung:

2. Anpassung für Personen mit prälingualer Hörschädigung
a. Informationsauswahl:

b. Mediale Aufbereitung:

3. Anpassung für Personen mit Deutsch als Zweitsprache, die erst seit kurzer Zeit Deutsch lernen
a. Informationsauswahl:

b. Mediale Aufbereitung:

Den Text an die Zielsituation anpassen

Viele, aber längst nicht alle Leichte-Sprache-Texte sind dafür gedacht, dass die Adressat(inn)en sie selbstständig lesen. Oft werden sie auch von anderen Personen vorgelesen, sodass die eigentlichen Adressat(inn)en die Texte nur hören. Manche Texte werden im Unterricht eingesetzt, manche Texte kommen in mündlichen Beratungssituationen zum Einsatz. Dieser Fall wird zunehmend häufiger auftreten, denn die im Juli 2016 in Kraft getretene Novelle des Behindertengleichstellungsgesetzes sieht – wie im zugehörigen Gesetzentwurf erläutert – vor, dass Personen mit geistiger Behinderung ein Recht darauf haben, dass ihnen Verwaltungsmitarbeiter(innen) Rechtstexte (beispielsweise Bescheide) erläutern (s. Ratgeber, Kap. 2.3). Die Verwaltungsmitarbeiter(innen) sollen dafür auf eine Datenbank mit Mustertexten in Leichter Sprache zugreifen können. Auch im Arzt-Patienten-Gespräch ist eine ähnliche Konstellation gegeben: Der Arzt oder die Ärztin erklärt den Patient(inn)en Befunde oder Behandlungspläne und kann dafür idealerweise auf Textbausteine in Leichter Sprache zurückgreifen sowie möglicherweise auf weitere Objekte wie zum Beispiel Modelle von Körperteilen oder Organen.

Aufgabe 74: Text für eine mündliche Beratungssituation optimieren

Sie erhalten den Auftrag, auf der Grundlage des Texts über Anzeichen und Symptome pulmonalarterieller Hypertonie auf S. 12 dieses Arbeitsbuchs Textbausteine in Leichter Sprache für eine mündliche Beratungssituation zu erstellen: Der Arzt oder die Ärztin soll die Textbausteine für Aufklärungsgespräche über die Krankheit PAH nutzen können. Ohne sich bereits auf Einzelentscheidungen im vorliegenden Text zu konzentrieren, überlegen Sie:

a. Welche Auswirkungen hat das Übersetzen für Mittler(innen) allgemein für den Inhalt des Zieltexts? (Welche Inhalte sind für die Übersetzung auszuwählen und wie könnten sie strukturiert werden?)
b. Welches wäre eine geeignete Präsentationsform für den Einsatz in einer solchen Beratungssituation?

a. Folgen für den Inhalt:

____

b. Folgen für die Präsentationsform:

____

Die Medialität des Texts planen

Leichte-Sprache-Texte müssen nicht zwangsläufig als Printfassung geplant sein. Viele erscheinen z. B. auch als Onlinetexte. Die Medialität des Texts hat Auswirkungen auf den Umfang: Bei Printtexten haben Sie hier oft genaue Vorgaben vom Auftraggeber, während Onlinetexte bezüglich ihres Umfangs variabler sind. Onlinetexte bieten unterschiedlichste Möglichkeiten, über Verlinkungen weitere Informationen (beispielsweise Erläuterungen, aber auch Kontaktinformationen etc.) einzubinden und die Informationen, die gleichzeitig auf dem Bildschirm erscheinen, zu begrenzen. Andererseits führen aber auch immer Links aus dem Leichte-Sprache-Angebot heraus. Der Umfang des eigentlichen Leichte-Sprache-Angebots und die externen Links sollten im Text deutlich gemacht werden.

Sowohl in Print- als auch in Onlinetexten können Sie Audiofassungen integrieren: Bei Onlinetexten durch direktes Einbinden der Audiodatei, bei Printtexten durch Einbinden eines QR-Codes, über den die Audiodatei dann online abgerufen werden kann. Personen mit stark eingeschränkter Lesefähigkeit profitieren (sofern sie keine Hörbehinderung haben) von einer Audiofassung Ihres Texts. Weitgehend informationskonstante Leichte-Sprache-Texte sind auch als Vorlage für Gebärdensprachvideos hervorragend geeignet. Leichte Sprache kann auch in der Untertitelung eingesetzt werden. Genauer gehen wir auf die mediale Aufbereitung im Ratgeber ein (Kap. 8.2.3).

Aufgabe 75: Audiofassung planen

Ihr Auftraggeber bittet Sie um eine Einschätzung, ob der Zieltext auf der Homepage seines Unternehmens um eine eigens erstellte Audiofassung ergänzt werden soll oder ob es genügt, eine automatische Vorlesesoftware (Screenreader) aus dem Browser einzubinden. Was antworten Sie ihm?

____

____

____

____

____

____

____

____

____

____

Es zeigt sich: Auf Textebene gibt es viel zu bedenken. Planen Sie deshalb stets Ihre Texte von der Textebene her und wenden Sie sich dann der konkreten Umsetzung auf der Wort- und Satzebene zu.

Übersetzungspfad für Texte:

A. Verschaffen Sie sich mit der Einfügung von Zwischenüberschriften und der Markierung von Schlüsselwörtern einen Überblick über die wichtigsten Themen und die Themenführung des Ausgangstextes.
B. Überlegen Sie, ob es sinnvoll ist, Ihrem Text ein Vorwort voranzustellen, in dem Sie die Leser(innen) über den Textinhalt informieren und/oder Hinweise auf die Textsorte geben.
C. Überlegen Sie auch, ob es sinnvoll ist, Ihrem Text eine Kurzzusammenfassung voranzustellen.
D. Wählen Sie die passenden Personen-/Gegenstandsbezeichnungen für die Textthemen, die Sie im gesamten Text beibehalten.
E. Arbeiten Sie in Ihren Leichte-Sprache-Texten mit Zwischenüberschriften.
F. Arbeiten Sie mit Einrückungen, um verschiedene inhaltliche Ebenen (z. B. Einbettungen; Allgemeines/Besonderes) voneinander zu unterscheiden.
G. Verwenden Sie bei Reihungen Aufzählungszeichen.
H. Beachten Sie, an welches Zielpublikum sich Ihr Text richtet und richten Sie Textmenge und Medialität entsprechend aus.
I. Planen Sie sorgfältig die Medialität Ihres Textes und beratschlagen Sie mit Ihrem Auftraggeber über Audiofassungen bzw. den Einsatz von Leichter Sprache in der Untertitelung.

Hinweis: Wenn es möglich ist, erhalten Sie die Informationsreihenfolge aus dem Ausgangstext. Ihre Texte können dann auch von Leser(inne)n verwendet werden, die nur für bestimmte Textstellen Leichte Sprache benötigen, ansonsten aber den Ausgangstext nutzen können.

6. Die optische Aufbereitung von Texten in Leichter Sprache

Optisch müssen Texte in Leichter Sprache so aufbereitet sein, dass Leser(innen) sich jederzeit im Text zurechtfinden können (s. Ratgeber, Kap. 9; Grundlagenwerk Kap. 7).

Visuelle Orientierungshilfen

Die vielleicht wichtigste Strategie dafür haben Sie in den vorangegangenen Übungen schon vielfach praktiziert:

Jeder neue Satz beginnt mit einer neuen Zeile. Leichte-Sprache-Texte erhalten damit eine fast listenförmige Struktur. Der Vorteil dieses Verfahrens ist unbestritten: Die Leser(innen) sind in Bezug auf die Satzstrukturen und die Satzabfolgen optimal orientiert. Die Listenförmigkeit hat aber auch Nachteile: Der Text wird insgesamt länger. Außerdem wird Zusammengehörendes nicht mehr in derselben Weise sichtbar wie in Fließtexten.

Auch deshalb sind die Visualisierungsverfahren wie Einrückungen oder Aufzählungszeichen (s. Aufgabe 71) von ganz zentraler Bedeutung.

Und auch die Zwischenüberschriften (s. Aufgabe 70) haben nicht nur eine inhaltlich, sondern auch optisch orientierende Funktion. Setzen Sie diese Überschriften deshalb stets gut erkennbar vom Haupttext ab und setzen Sie sie fett.

Manchmal kann es auch sinnvoll sein, besondere Textteile einzurahmen und sie damit vom Haupttext abzuheben, wie es die Übersetzerin der Erbrechtsbroschüre entschieden hat:

> Sie erben.
> Dann geben Sie dem Staat eine Steuer.
> Das heißt:
>   Sie bezahlen dem Staat Geld.
>   Das Geld heißt: Erbschafts·steuer.
> Die Höhe von der Erbschafts·steuer ist unterschiedlich.

> Beispiel
> Sie waren eng mit der verstorbenen Person verwandt.
> Dann bezahlen Sie dem Staat
> wenig Erbschafts·steuer.

> Beispiel
> Sie waren **nicht** eng mit der verstorbenen Person verwandt.
> Dann bezahlen Sie dem Staat
> mehr Erbschafts·steuer.

(ERB-L, S. 62)

Eine weitere optische Orientierungshilfe kann die Fettsetzung oder Unterstreichung wichtiger Stellen im Text sein. Gehen Sie mit diesem Mittel allerdings sparsam um; zu viele fettgesetzte bzw. unterstrichene Ausdrücke vermindern die Aufmerksamkeit, statt sie zu erhöhen.

Hinweis: Verwenden Sie als Hervorhebung keine Kursive. Sie verändern die Buchstabenformen und sind für die Adressat(inn)en deshalb schwerer lesbar.

Übersetzungspfad für visuelle Orientierungshilfen:

A. Schreiben Sie pro Zeile nur einen Satz. Müssen Sie eine Zeilentrennung vornehmen, lassen Sie grammatische Gruppen (z. B. *mit der verstorbenen Person*) zusammen. Trennen Sie keine Wörter am Zeilenende.
B. Nutzen Sie Einrückungen und Aufzählungszeichen zur Verdeutlichung der Textinhalte.
C. Überlegen Sie, ob es Textteile gibt, die Sie umrahmen wollen.
D. Setzen Sie Ihre Zwischenüberschriften fett und heben Sie sie gut sichtbar vom Haupttext ab.
E. Überlegen Sie, ob Sie wichtige Begriffe fett setzen oder unterstreichen wollen.

Schriftarten

Zur optimalen optischen Wahrnehmbarkeit von Schrift gehört aber noch mehr: Auch die Buchstabenformen müssen leicht identifizierbar und die Buchstabengrenzen gut erkennbar sein.

Verwenden Sie als Schriftart bevorzugt sogenannte serifenlose Schriften, also Schriften ohne Zierabschlüsse (s. Ratgeber, Kap. 9.1.1; Grundlagenwerk, Kap. 7.1.3).

Gut geeignet für Texte in Leichter Sprache sind z. B. Calibri, Arial oder Geneva. Weniger gut geeignet sind Times New Roman oder Garamond. Gar nicht verwenden sollten Sie Zierschriften jeder Art, etwa *Ar Blanca* oder *Script MT Bold* oder gebrochene Schriften (z. B. Old Englisch Text MT).

Hinweis: Nutzen Sie als Schriftgröße mindestens 14 Pt. Farbige Schrift und ein gestalteter Bildhintergrund können die Wahrnehmung des Texts beeinträchtigen. Für optimale Wahrnehmbarkeit schreiben Sie am besten schwarz auf weiß.

Aufgabe 76: Schriftarten

Ihr Auftraggeber möchte den Leichte-Sprache-Text, den er von Ihnen für seine Homepage erstellen lassen will, an seine hausinternen Gestaltungsrichtlinien bzw. das unternehmenseigene Design anpassen. Dort verwendet er die Schrift Book Antiqua.

Wie überzeugen Sie ihn davon, für die Leichte-Sprache-Version eine serifenlose Schrift zu verwenden? Welche Schriftart(en) bieten Sie ihm an?

____

____

____

____

____

____

____

____

____

____

Bilder

Trotz aller Vereinfachungen können die primären Adressat(inn)en von Leichte-Sprache-Texten mit rein sprachlichen Informationen überfordert sein. Deshalb ist die Verwendung von Bildern zur Unterstützung des Verstehens fester Bestandteil von Leichte-Sprache-Texten (s. Ratgeber, Kap. 9.3; Grundlagenwerk, Kap. 7.4).

Die Übersetzung der Erbrechtsbroschüre verwendet Tortendiagramme, um die Erbanteile zu visualisieren:

> **Wer erbt die Sachen von Otto?**
> Helga erbt die Hälfte von den Sachen von Otto.
> Und Helga erbt den Voraus.
> Der Voraus sind alle Haushalts·gegenstände.
> Zum Beispiel die Möbel.
>
> Die 4 Kinder erben die andere Hälfte
> von den Sachen von Otto.
> Alle Kinder erben gleich viel.

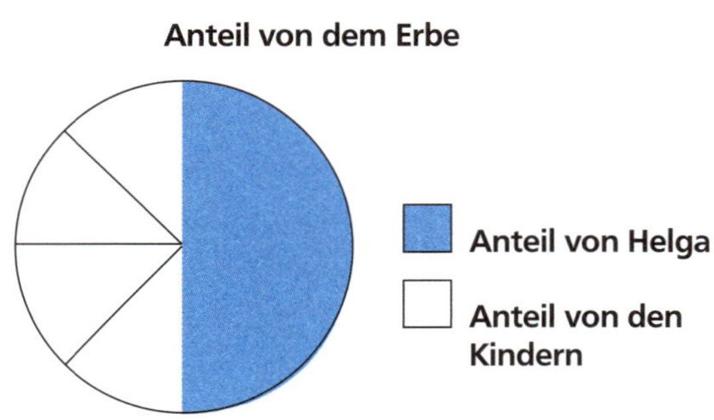

(ERB-L, S. 11)

Aufgabe 77: Tortendiagramm

Welche Voraussetzungen müssen bei einem Leser / einer Leserin gegeben sein, um ein solches Diagramm interpretieren zu können?

____

____

____

____

____

____

____

____

____

____

____

____

In der Erbrechtsbroschüre wird sowohl im Ausgangstext als auch im Zieltext ein Foto der zuständigen Justizministerin gezeigt.

Und in dem Heft erklären wir zum Beispiel die Wörter: Testament.
Und gesetzliche Erb·folge.
Und Pflicht·teil.
Und viele andere Wörter.
Dann verstehen Sie:
So geht Erben.
Und so geht Vererben.

Ihre Antje Niewisch-Lennartz

Justiz·ministerin von Niedersachsen

(ERB-L, S. 3)

Aufgabe 78: Funktion von Personenabbildungen

a. Welche Funktion könnte diese Bebilderung für den konkreten Text haben?

b. Überlegen Sie, welche Funktionen Personenabbildungen in Leichter Sprache insgesamt haben können.

In der Erbrechtsbroschüre (Ausgangstext) finden Sie neben der Personenabbildung auch die folgende Bildverwendung.

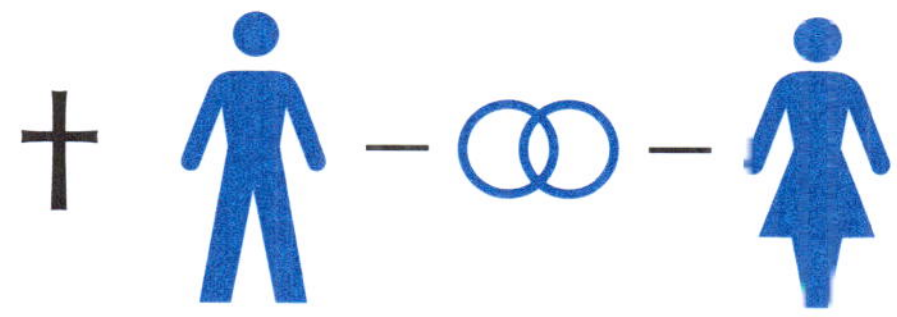

(ERB-A, S. 6)

Die blaue Figur mit Hose stellt einen Mann dar, die blaue Figur mit Rock eine Frau. Es handelt sich um sogenannte ikonische Zeichen. Sie weisen Ähnlichkeit mit dem Abgebildeten auf. Deshalb sind ikonische Zeichen über einen Vergleich zwischen der Abbildung und dem Abgebildeten interpretierbar. Das Kreuz steht für »gestorben/tot«, die überlappenden Kreise stehen für »verheiratet«. Hier handelt es sich um symbolische Zeichen. Sie weisen keine Ähnlichkeit mit dem Abgebildeten auf; man muss ihren Symbolgehalt kennen, um sie interpretieren zu können:

Die Deutung des Kreuzes als Symbol für »gestorben/tot« setzt eine Kenntnis der christlichen Symbolik voraus; bei der Ringsymbolik muss von den Kreisen auf Ringe, von dort aus auf Eheringe und von dort aus auf das Konzept »verbundene Ringe bedeuten ›verheiratet‹« geschlossen werden.

Leserinnen und Lesern mit ausreichender Lese- und Welterfahrung gelingt diese Interpretation meist problemlos. Bei Leserinnen und Lesern von Texten in Leichter Sprache kann das nicht umstandslos angenommen werden.

Aufgabe 79: Symbole

Sofern sie Ihnen zur Verfügung steht, sehen Sie in der Broschüre zum Erbrecht in Leichter Sprache (ERB-L, S. 10) nach. Wie ist das Problem zu dem eventuell mangelnden Hintergrundwissen dort gelöst?

Verwenden Sie nur Bilder, bei denen Sie davon ausgehen können, dass sie von der primären Adressatenschaft interpretiert werden können.

Wenn Sie in einem Ausgangstext Symbole vorfinden, die Sie in Ihren Text übernehmen wollen, oder wenn Sie eigene Symbole verwenden wollen, erklären Sie sie.

Allerdings kann die Brückenfunktion dem entgegenstehen: Wenn für den Ausgangstext bereits eine bestimmte Bebilderung vorliegt, kann es zweckmäßig sein, den Leichte-Sprache-Text auf dieselbe Weise zu bebildern, um die Orientierung im Text zu erleichtern und das Hin- und Herwechseln zwischen den unterschiedlichen Textvarianten zu befördern.

Aufgabe 80: Fehlende Bilder

Bei der Übersetzung des Nachrichtentextes Sandsturm (SAND-L) wurde vollständig auf Bebilderung verzichtet. Welche Gründe könnten die Übersetzerinnen dafür gehabt haben?

Aufgabe 81: Bilder zur Erleichterung des Verstehens

Überlegen Sie: Welche Begriffe oder welche Konzepte aus dem Nachrichtentext (SAND-A, s. Anhang 3) würden Sie im Zieltext bebildern, wenn Sie in Ihren Möglichkeiten frei wären?

Hinweis: Wenn Sie mit Bildern arbeiten wollen, erkundigen Sie sich vorher bei Ihrem Auftraggeber, in welchem Umfang das möglich ist. In allen Fällen, in denen Fremdbilder verwendet werden, muss sichergestellt sein, dass eine Erlaubnis der Bildrechteinhaber für einen Abdruck vorliegt.

Aufgabe 82: Bilder als Leitsysteme

Im Ausgangstext der PAH-Broschüre finden sich unter anderem die folgenden Bebilderungen und Überschriften (s. Anhang 2):

Setzen Sie sich Ziele und treffen Sie aktiv Entscheidungen

Ernähren Sie sich gesund

Wie Sie mit Müdigkeit umgehen

Familienplanung

(PAH-A, S. 11, 12, 14, 15)

a. Welche Funktion haben diese Bilder?
b. Welche davon könnten sich auch – ggf. mit optischen Anpassungen – für den Zieltext in Leichter Sprache eignen? Begründen Sie Ihre Entscheidungen.

a. Funktion der Bilder:

____
____
____
____
____
____

b. Verwendung der Bilder im Leichte-Sprache-Text:

____
____
____
____
____
____
____

Die bis hierher besprochenen Beispiele haben gezeigt: Bild ist nicht gleich Bild. Das gilt sowohl für die Bildart als auch für die Funktion von Bildern.

Hinweis: Verwenden Sie keine Zierbilder. Sie lenken Ihre Leser(innen) von der Textinterpretation ab.

Bevor Sie sich für eine Bebilderung entscheiden, überlegen Sie, welche Funktion Ihr Bild haben soll. Die folgende Checkliste unterstützt Sie bei Ihrer Entscheidung.

Das Bild, das Sie einsetzen wollen, soll …

… einen Gegenstand oder eine Person zeigen (Beispiel: Justizministerin; ERB-A, ERB-L).
… eine Handlung zeigen (z. B. einen Arbeitsschritt in einem Kochbuch).
… ein Konzept zeigen (Beispiel: Tortendiagramm; ERB-A, ERB-L).
… eine Argumentation bzw. komplexe Textzusammenhänge zeigen (Beispiel: Stammbaum; ERB-A, ERB-L).
… ein Textthema zeigen (Beispiel: Kinderwagen; PAH-A, PAH-L).

Wenn Sie wissen, was Ihr Bild zeigen oder verdeutlichen soll, können Sie entscheiden, welche Bildressource Sie dafür verwenden, z. B. ein Foto, eine Zeichnung, ein Diagramm, eine Karte oder einen Zeitstrahl. Nähere Hinweise dazu finden Sie im Ratgeber (Kap. 9.3) und im Grundlagenwerk (Kap. 7.4.2).

Das Wichtigste ist, dass Ihr Bild genau das veranschaulicht, was Sie veranschaulichen wollen, und dass es leicht interpretierbar ist.

Hinweis: Wenn Sie sich für Bilder entscheiden, fügen Sie sie so nahe wie möglich an ihren Bezugsausdrücken oder ihren Bezugskonzepten ein. Wenn nötig geben Sie eine optische Suchhilfe (z. B. durch Unterstreichung oder Farbgebung). Lagern Sie Bilder nicht aus, z. B. in ein Glossar (s. Grundlagenwerk, Kap. 7.4.1.4).

7. Zahlen und Maßangaben in Leichter Sprache

Zahlen

In Ausgangstexten finden wir drei verschiedene Darstellungen von Zahlen:

1. Zahlwörter (eins, zwölf, einhundert, tausend …)
2. Arabische Ziffernschreibung (1, 12, 100, 1 000 …)
3. Römische Ziffernschreibung (I, XII, C, M …)

Verwenden Sie in Leichter Sprache bevorzugt arabische Ziffern. Im Falle des unten auf dieser Seite abgebildeten Beispiels (PAH-A, S. 5) schreiben Sie also:

> Klasse 1 2 3 4

Verwenden Sie die arabische Ziffernschreibung auch in Fließtexten:

> Bei der Massenkarambolage im Sandsturm mit 60 Fahrzeugen waren acht Menschen ums Leben gekommen.
> (SAND-A)

> 60 Fahrzeuge sind bei dem Unfall kaputtgegangen.
> 8 Menschen sind bei dem Unfall gestorben.
> (SAND-L)

Hier ein weiteres Beispiel:

> Ein Ehemann hinterlässt seine Frau und vier Kinder. Auch seine Eltern und sein Bruder leben noch.
> (ERB-A, S. 6)

> Otto ist mit Helga verheiratet.
> Otto und Helga haben 4 Kinder.
> Die Eltern von Otto leben noch.
> Otto hat 1 Bruder: Heinz.
> Otto stirbt.
> (ERB-L, S. 10)

Die Eins kann allerdings nicht in allen Umgebungen mit der Ziffer 1 wiedergegeben werden. In diesem Beispiel ist sie Artikel: *ein Bruder / 1 Bruder*. Die Ziffernschreibweise kommt für die 1 besonders dann infrage, wenn die Zählbarkeit des Gegenstands betont wird (*4 Kinder, 1 Bruder*). Wenn *ein* dagegen indefiniter Artikel ist, kommt die Ziffernschreibweise eher nicht infrage: **Dort kommt 1 Frau.*

Hinweis: Mit einem Stern (*) markieren wir nicht akzeptable Übersetzungsvarianten.

Weitere Ausführungen zur Schreibung von Zahlen bzw. Zahlwörtern finden Sie im Grundlagenwerk (Kap. 7.2.2.1).

Hinweis: Verwenden Sie die arabische Ziffernschreibweise auch für Ordinalzahlen. Schreiben Sie also nicht *aus erster Ehe*, sondern *aus der 1. Ehe.*

Klasse	I	II	III	IV
Wie sich die Symptome auf Sie auswirken	Bei normalen täglichen Aktivitäten haben Sie keine Symptome	Sie haben bei normalen täglichen Aktivitäten ein paar Symptome UND sind bei körperlicher Aktivität etwas eingeschränkt	Sie haben Symptome, wenn Sie weniger als Ihre normalen Aktivitäten ausführen; Sie haben auch größere Einschränkungen bei körperlicher Aktivität	Sie haben Symptome bei jeder Art von Aktivität, einschließlich beim Ruhen

(PAH-A, S. 5)

Maßangaben

In den Texten, die Sie übersetzen, können auch Maßangaben aller Art vorkommen; z. B: m^2 für Flächen, *km* für Strecken, *°C* für Temperaturen oder Jahresangaben für Zeiträume. Nicht nur die Zeichen selbst, sondern auch die dahinterstehenden Konzepte gelten als schwer zu verarbeiten.

In den meisten Fällen bietet es sich deshalb an, bei der Übersetzung Vergleichsgrößen heranzuziehen, um dem Leser / der Leserin eine Vorstellung von der entsprechenden Angabe zu ermöglichen.

Weil in den von uns bis hierher besprochenen Ausgangstexten solche Maßangaben nicht vorkommen, weichen wir hier von unserem Verfahren ab, uns nur auf diese drei Texte zu beziehen, und geben Ihnen einen Überblick über Maßangaben, mögliche Vergleichsgrößen und mögliche Darstellungsformen. Nähere Informationen dazu finden Sie im Grundlagenwerk (Kap. 7.2.2.3).

	Vergleichsgröße	Darstellungsform
Zeiträume	■ Alltagsverhalten (z. B. Lidschlag, durchschnittliche Gehgeschwindigkeit) ■ durchschnittliche Lebensdauer	verbaler Vergleich »ist … wie«
Jahreszahlen	–	Zeitstrahl
Uhrzeiten	–	Ziffernblatt
Strecken	■ Körpermaße (z. B. Finger [Breite/Länge], Fuß, Unterarm, Körpergröße) ■ geografische Angaben	verbaler Vergleich bildliche Darstellung
Flächen	■ Handfläche ■ Papier ■ geografische Angaben	verbaler Vergleich bildliche Darstellung
Volumina	■ kleiner Löffel ■ großer Löffel ■ Glas ■ Flasche ■ Badewanne ■ Tanklaster	verbaler Vergleich
Gewicht	■ 5-Cent-Stück ■ Tafel Schokolade ■ durchschnittliches Körpergewicht	verbaler Vergleich
Temperatur	■ Jahreszeiten ■ Sauna ■ kochendes Wasser ■ Eiswürfel	verbaler Vergleich zusätzliche Interpretation (angenehm/unangenehm; gesund/krank etc.)

8. Sonderzeichen in Leichter Sprache

Neben Buchstaben, Ziffern und Interpunktionszeichen, den Basisinstrumenten der Schrift, kommen in Texten auch Sonderzeichen wie %, § oder @ vor. Ihre Interpretation stellt die Adressat(inn)en von Leichter Sprache teilweise vor unlösbare Aufgaben (s. Grundlagenwerk, Kap. 7.2.3). Erläutern Sie diese Zeichen deshalb.

Aufgabe 83: @-Zeichen

Am Ende der PAH-Broschüre finden sich Adressen von Anlaufstellen für Patient(inn)en, die so wie die folgende (frei erfundene) Adresse aufgebaut sind:

> Selbsthilfegruppe PAH
> Tobias Bauer
> Reuterweg 21, 1120 Wien
> info@selbsthilfegruppe-pah.at
> www.selbsthilfegruppe-pah.at
> Tel. 01-2345678
> (im Aufbau angelehnt an PAH-A, S. 27)

Übersetzen Sie diese Passage so, dass den Leser(inne)n deutlich wird, was das @-Zeichen bedeutet.

Ein etwas anderer Typ von Sonderzeichen liegt mit dem Paragrafen- oder dem Prozentzeichen vor. Hier genügt es nicht, den Leser(inne)n zu sagen oder zu zeigen, was das Zeichen bedeutet. Denn hier können auch die Konzepte, die hinter diesen Zeichen stehen, Interpretationsprobleme bereiten. Erklären Sie diese Konzepte in Ihren Texten:

> Für das o. g. begünstigte Vermögen wird ein Verschonungsabschlag von 85 % gewährt.
> (ERB-A, S. 34)

> Für 85 % von dem Geld brauchen Sie
> keine Erbschaft·steuer zu bezahlen.
>   Man spricht: 85 Prozent.
>   Ein Beispiel:
>   Sie haben 100 Euro.
>   85 Prozent von 100 Euro sind 85 Euro.
>   Oder Sie haben 200 Euro.
>   85 Prozent von 200 Euro sind 170 Euro.
> (eigene Übersetzung)

9. Anstelle eines Resümees

Sie haben das Arbeitsbuch erfolgreich durchgearbeitet und sich Kenntnisse über die Leichte Sprache angeeignet. Wir haben Sie auf eine Reise durch die unterschiedlichen Ebenen der Sprache und der Texte mitgenommen und es ist deutlich geworden, dass Übersetzen in Leichte Sprache ganz bestimmt keine leichte Sache ist. Vieles ist zu beachten, damit Ihr Text wirklich verständlich gerät und in der Zielsituation funktioniert, und zwar für das Publikum, das Ihr Auftraggeber im Blick hat, und auch in der Weise, die er sich vorstellt.

Bei einer Übersetzung müssen die verschiedenen Ebenen und Einzelprobleme, die wir hier nacheinander sichtbar gemacht haben, im Zusammenhang gedacht werden.

Wir hoffen, dass wir Ihnen hierzu die nötigen Instrumente in die Hand gegeben haben.

Doch nun testen Sie sich noch einmal: Den folgenden Übersetzungsauftrag haben Sie zu Beginn dieses Buchs bereits bearbeitet. Ihr Kenntnisstand über die Leichte Sprache, über das Übersetzen in Leichte Sprache, ist nun ein anderer. Bringen Sie alle Ihre neu gewonnenen Kenntnisse und Erkenntnisse in die Lösung dieser Aufgabe ein.

Vergleichen Sie dann, wie Sie diese Aufgabe bei ihrem erstmaligen Auftreten (Aufgabe 5) bearbeitet haben. Können Sie den Weg nachvollziehen, den Sie gegangen sind?

Aufgabe 84: Übersetzungsauftrag

Stellen Sie sich vor, Sie haben von einem Verlag den Auftrag erhalten, eine Broschüre für Patient(inn)en in Leichte Sprache zu übersetzen. Die Broschüre erhalten die Patient(inn)en im Rahmen des Aufklärungsgesprächs vom behandelnden Arzt oder von der behandelnden Ärztin. Sie wird auch in Leichter Sprache in gedruckter Form vorliegen und vom Layout so weit wie möglich an den Ausgangstext angepasst werden. Für die Broschüre steht maximal die doppelte Seitenzahl zur Verfügung wie im Ausgangstext.

Übersetzen Sie den Ausgangstext aus Aufgabe 5 erneut:

Meine Übersetzung:

Aufgabe 85: Übersetzungsreflexion

Vergleichen Sie die Übersetzung, die Sie in Aufgabe 5 angefertigt haben, mit der Übersetzung aus Aufgabe 83. Inwiefern unterscheiden sich Ihre Lösungen?

	Übersetzung 1 (Aufgabe 5)	Übersetzung 2 (Aufgabe 83)
Fragen zur Textebene:		
Konnte ich alle Informationen in den Zieltext übertragen?		
Habe ich die Leser persönlich angesprochen?		
Habe ich Zwischenüberschriften benutzt?		
Fragen zur Satzebene:		
Habe ich auf Nebensätze verzichtet?		
Habe ich komplexe Nominalgruppen wie »die Anzeichen der PAH« vermieden?		
Habe ich den Konjunktiv vermieden?		
Habe ich Passiv vermieden?		
Habe ich Negationen vermieden?		
Fragen zur Wortebene:		
Habe ich Fremdwörter vermieden?		
Habe ich Fachwörter erklärt?		
Enthält mein Text noch lange Wörter?		
Habe ich solche langen Wörter (Beispiel: *Treppensteigen*) optisch untergliedert?		
Fragen zur optischen Gestaltung:		
Habe ich nur einen Satz pro Zeile geschrieben?		
Habe ich Gliederungspunkte verwendet?		
Habe ich mit Bildern gearbeitet?		

Kleine Checkliste für hartnäckige Probleme

Nicht immer hat man alle Aspekte im Prozess des Übersetzens gleichermaßen im Blick. Die folgende Checkliste soll Sie beim letzten Kontrollgang Ihres Textes unterstützen.
Beachten Sie aber, dass diese Liste nicht vollständig ist. Aufgeführt sind nur diejenigen sprachlichen Mittel und Konstruktionen, die erfahrungsgemäß am häufigsten übersehen werden.

Sprachliche Mittel:

Enthält Ihr Text noch …

… Personalpronomen der dritten Person? (Erinnerung: Das drittpersonige Anredepronomen *Sie* dürfen und sollen Sie verwenden, nicht aber Personalpronomen, die auf Dritte verweisen)
… verschiedene Ausdrücke für dieselbe Sache/Person?
… nicht erklärte Fachwörter?
… unnötige Fremdwörter?
… Satzgefüge bzw. Subjunktionen?
… Passivkonstruktionen?
… Genitive?
… Formen im Präteritum?
… Konjunktive?

Visuelle Aufbereitung:

- Haben Sie alle erforderlichen Einrückungen vorgenommen?
- Sind die Negationsausdrücke fett gesetzt?
- Haben Sie komplexe Wörter gegliedert (Mediopunkt oder Bindestrich)?
- Haben Sie die Aufzählungszeichen bei aufgelösten Reihungen berücksichtigt?
- Haben Sie bei Zeilenumbrüchen darauf geachtet, dass grammatische Gruppen zusammengeblieben sind?

Reflexion des eigenen Erkenntnisfortschritts

In dieser abschließenden Reflexion können Sie die Aspekte notieren, die für Sie bei Ihrer weiteren Beschäftigung mit dem Thema Leichte Sprache vordringlich sind:

Das war besonders interessant:

Das war besonders überraschend:

Hier wird beim Übersetzen mehr/weniger Aufwand entstehen, als gedacht:

Hier habe ich noch besonderen Übungsbedarf:

Diese Fragen sind für mich offen geblieben und das sind meine nächsten Schritte zu einer Lösung:

Meine Erwartungen an das Arbeitsbuch haben sich erfüllt / nicht erfüllt:

10. Lösungen

Aufgabe 1: Kulturzerfall durch Leichte Sprache?

- Leichte Sprache macht Inhalte für Personen mit Leseeinschränkungen zugänglich, die sonst keinen Zugriff darauf hätten. Sie ermöglicht eine Lesepraxis und stellt somit eine Brücke zur Standardsprache her (s. Ratgeber, Kap. 1, Grundlagenwerk, Kap. 1.3). Sie stärkt damit sogar die Standardsprache, weil sie den Zugang zu ihr erleichtert.
- Bei vielen Leser(inne)n sind die Lernmöglichkeiten ausgeschöpft; ihr geringes Leseniveau hat nichts mit fehlender Lernbereitschaft zu tun, sondern mit unüberwindlichen Einschränkungen, etwa geistiger Behinderung oder Demenz (s. Ratgeber, Kap. 3.1; Grundlagenwerk, Kap. 5). Ohne Angebote in Leichter Sprache werden diese Personen in ihrem Recht auf Teilhabe eingeschränkt (s. Ratgeber, Kap. 2.3; Grundlagenwerk, Kap. 2.2)
- Leichte Sprache ist ein Zusatzangebot: Sie ersetzt keine standardsprachlichen Angebote, sondern ergänzt sie (s. Ratgeber, Kap. 3.3).

Aufgabe 2: Richtiges Deutsch?

- Leichte Sprache entspricht den Regularitäten der deutschen Orthografie und Grammatik (s. Ratgeber, Kap. 1).
- Die Korrektheit ist schon wegen der Lernfunktion von Leichter Sprache unverzichtbar (s. Ratgeber, Kap. 1; Grundlagenwerk, Kap. 1.3): Leser(innen), die Leichte-Sprache-Texte als Einstieg in das Deutsche nutzen, prägen sich dann keine falschen Muster oder Strukturen ein.
- Leider gibt es immer wieder Beispiele von Leichte-Sprache-Texten mit teilweise fehlerhaftem Deutsch. In diesen Texten wird Leichte Sprache aus unserer Sicht falsch, mindestens aber unzulässig gebraucht.
- Sie sollten Ihrem Auftraggeber zusichern, dass Ihre Texte keine Verstöße gegen die deutsche Orthografie und Grammatik enthalten. In diesem Arbeitsbuch lernen Sie, wie Sie dafür vorgehen können.

Aufgabe 3: Einen Leserbrief schreiben

Hier tragen wir einige Argumente zusammen, die Sie beim Verfassen Ihres Leserbriefs verwenden könnten:

- Leichte Sprache ermöglicht schwachen Leser(inne)n den Einstieg in eine eigene Lesepraxis, die auf dieser Basis fortentwickelt werden kann (s. Ratgeber, Kap. 1; Grundlagenwerk, Kap. 1 3.2). Es ist nicht intendiert, dass Leser(innen), die dazu in der Lage sind, auch komplexere Texte zu lesen, auf der Sprachstufe der Leichten Sprache verharren.
- Nur ein Teil der schwachen Leser(innen) wird dauerhaft Leichte Sprache benötigen (s. Grundlagenwerk, Kap. 5). Für die meisten ist sie eine Durchgangsstufe. Leichte Sprache verhindert daher nicht die Integration; vielmehr leistet sie einen wichtigen Beitrag dazu.
- Wenn die angebotenen Texte in deutscher Sprache durchgehend zu schwierig sind, werden diejenigen, die keine oder keine hinreichende Lesefähigkeit erworben haben, keinen Zugang zu standardsprachlichen Texten erhalten. Texte mit passendem Schwierigkeitsgrad helfen Frustrationserlebnissen vorzubeugen und ermöglichen die eigenständige Aneignung von Informationen und Handlungsorientierungen (s. Ratgeber, Kap. 3.1; Grundlagenwerk, Kap. 5).
- Gerade wer neu nach Deutschland kommt, ist mit vielfältigen bürokratischen Anforderungen konfrontiert und muss sich schnell in einem neuen Land orientieren können. Verständliche Texte entlasten hier alle Beteiligten, weil sie den Neuankömmlingen früh eigenständiges Handeln ermöglichen.

Aufgabe 4: Reflexion eines Übersetzungsauftrages

- Sie analysieren den Ausgangstext: Wie lang und wie fachspezifisch ist der Text? Wo liegen seine Schwierigkeiten?
- Sie klären mit dem Auftraggeber: Kann er Ihre Übersetzung auf fachliche bzw. inhaltliche Richtigkeit prüfen?
- Sie überlegen sich eine Übersetzungsstrategie unter Berücksichtigung der Adressatenschaft: Für wen übersetzen Sie? Haben die Adressat(inn)en des Texts neben sprachlichen auch kognitive Einschränkungen? Wie viele Informationen welcher

Art können sie verarbeiten? Von welchen Wissensvoraussetzungen können Sie in etwa ausgehen?
- Sie überlegen sich eine Layoutstrategie: Der Auftraggeber wünscht eine Anpassung des Layouts an den Ausgangstext. Welche Layouteigenschaften von Leichte-Sprache-Texten müssen obligatorisch gewahrt bleiben, damit die Adressaten den Text gut wahrnehmen können?
- Sie reflektieren die Medialität Ihres Texts: Haben Sie Zugriff auf mögliche Bilder, die der Zieltext enthalten wird? Wie stellen Sie sicher, dass Sie im Text auf die Bilder Bezug nehmen?
- Sie entwickeln eine Übersetzungsstrategie mit Blick auf die Layoutvorgaben: Der Leichte-Sprache-Text hat im Layout maximal doppelt so viele Seiten wie im Ausgangstext. Durch das wahrnehmungssichernde Layout stehen weniger Zeilen pro Seite und weniger Zeichen pro Seite zur Verfügung. Außerdem werden Erklärungen hinzukommen. Größere Kürzungen bei den Informationen sind aber höchstwahrscheinlich nicht nötig.
- Sie müssen eine Erklärtiefe festlegen: Dabei müssen Sie auf die Adressatenschaft Rücksicht nehmen. Die Erklärtiefe ist aber auch abhängig von der vorgegebenen maximalen Seitenzahl.
- Die grobe Reihenfolge der Informationen halten Sie aufrecht. So kann ein Leser / eine Leserin zwischen Ausgangs- und Zieltext hin- und herwechseln (Brückenfunktion).

Weitere Informationen finden Sie im Ratgeber (Kap. 5, insbesondere 5.3) und im Grundlagenwerk (Kap. 6). Informationen zur Auswahl von Bildern für Ihren Leichte-Sprache-Text finden Sie im Ratgeber (Kap. 9.3) und im Grundlagenwerk (Kap. 7.4).

Aufgabe 5: Eine Textpassage übersetzen

Wie merke ich PAH?
Am Anfang macht PAH nur wenige Beschwerden.
Das heißt:
Sie haben **keine** Schmerzen.
Und Sie merken fast **nichts**.
Vielleicht haben Sie aber schon
Zeichen für PAH bemerkt.
Ihr Arzt sagt dazu: Symptome.
Manche Symptome gibt es am Anfang oft.
Zum Beispiel:
- Sie bekommen schwer Luft:
  Beim Treppen·steigen.
  Oder beim Laufen.
- Sie fühlen sich oft müde.
- Oder Ihnen wird oft schwindlig.

Manchmal gibt es weitere Symptome.
Zum Beispiel:
- Ihre Brust schmerzt.
- Ihr Herz schlägt ganz schnell.
  Oder Ihr Herz schlägt **nicht** regelmäßig.
- Manchmal fühlen Sie sich benommen.
  Oder Sie wissen nicht: Wo bin ich jetzt?
  Vielleicht fallen Sie auch manchmal
  in Ohn·macht.
- Ihre Arme schwellen an.
  Oder Ihre Beine.
  Oder Ihre Knöchel.

PAH kann schlimmer werden.
Dann haben Sie die Symptome vielleicht öfter.
Und stärker.

Aber Ihr Arzt kann PAH behandeln.
Das heißt:
Ihr Arzt kann bestimmte Dinge tun.
Dann haben Sie weniger Beschwerden.
Und Sie fühlen sich besser.
Ihr Arzt sagt auch: Behandlung.
Oder Therapie.
(PAH-L, S. 10–12, Einrückungen leicht verändert)

Anmerkung: Negation stellt für die Adressatenschaft von Leichte-Sprache-Texten eine Herausforderung dar. Damit die Negation nicht überlesen werden kann, raten wir Ihnen, die Negationsmarker (*nicht, nichts, kein*) fett zu setzen. Mehr zu Negation finden Sie in den Aufgaben **62** bis **64**, im Ratgeber (Kap. 7.7) und im Grundlagenwerk (Kap. 11.3.3.2).

Allgemeiner Hinweis zur PAH-Broschüre: Der Ausdruck *PAH* kommt in der Broschüre manchmal mit, manchmal ohne Artikel vor (S. 4: »Die PAH ist eine

Erkrankung, die sich mit der Zeit verschlimmern kann«, S. 7: »Das Verständnis über PAH und deren Behandlung hat in den vergangenen 10 Jahren stark zugenommen«). Auf diesen Unterschied gehen wir in diesem Arbeitsbuch nicht ein, folgen aber der Broschüre und setzen den Artikel dort, wo er sinnvoll ist. Zur Verwendung des bestimmten Artikels vgl. die allgemeinen Ausführungen im Grundlagenwerk (Kap. 9.2.2.2).

Aufgaben 6–8

[individuelle Lösung]

Aufgabe 9: Die Zielsituation beachten

Weil im Klassenverband gemeinsam über die Texte gesprochen wird, aber einigen Schüler(inne)n der Ausgangs-, anderen der Zieltext vorliegt, sollten Sie sich hier so nah wie möglich an der Struktur des Ausgangstextes orientieren.

Auch die Fachwörter des Lehrwerkstextes müssen vollständig in den Zieltext übernommen werden; denn im Fachunterricht ist die Einübung in Fachterminologie zentral. Die Fachworterklärungen, die Sie Ihrem Leichte-Sprache-Text beifügen, können auch für Kinder ohne besondere Leseeinschränkungen eine Hilfe darstellen.

Aufgabe 10: Wortgliederung mit Bindestrich und Mediopunkt

- Lange Wörter stellen eine Hürde beim Lesen dar (s. Ratgeber, Kap. 6.4; Grundlagenwerk, Kap. 8.2).
- Die optische Gliederung zeigt den Leser(inne)n, aus welchen Bestandteilen ein Wort aufgebaut ist. Sie können sich dann schneller und sicherer in einem Wort orientieren und verlesen sich weniger häufig.

Aufgabe 11: Bindestrich und Mediopunkt – Vor- und Nachteile:

Bindestrich:

- Vorteile: Der Bindestrich ermöglicht die bessere Wahrnehmung der Wortbestandteile im zusammengesetzten Wort und ist den Leser(inne)n aus herkömmlichen Texten bekannt.
- Nachteile: Der Bindestrich ist im Rahmen einer korrekten Schreibung nur in sehr begrenztem Maß einsetzbar. Er greift massiv in die Wortstruktur ein (Großschreibung im Wort). Die Wörter sehen anders aus als in korrekter Schreibung außerhalb des Leichte-Sprache-Kosmos. In Wörtern wie *Schwindel-Gefühl* oder *Ohn-Macht* treten nicht gewollte Lesarten in den Vordergrund. Die Leser(innen) werden stigmatisiert, wenn ihnen Texte mit falscher Schreibung angeboten werden. Die Akzeptanz von Leichter Sprache ist bedroht.

Mediopunkt:

- Vorteile: Wie der Bindestrich ermöglicht auch der Mediopunkt eine bessere Wahrnehmung der Wortbestandteile im zusammengesetzten Wort. Er ist in deutlich mehr Fällen einsetzbar als der Bindestrich. Beispielsweise können Wörter wie *un·regelmäßig* oder *Ohn·macht* mit einem Mediopunkt, aber keinesfalls mit einem Bindestrich aufgegliedert werden. Mit der Verwendung des Mediopunkts bleibt das Wortbild weitgehend erhalten, weil danach klein weitergeschrieben werden kann. In dieser Hinsicht wird keine Schranke zwischen Texten inner- und außerhalb des Leichte-Sprache-Kosmos errichtet.
- Nachteile: Der Mediopunkt ist ein Zeichen, das den Leser(inne)n nur in Leichte-Sprache-Texten begegnet. Sie müssen den Umgang mit diesem Zeichen lernen. Von Leser(inne)n mit starken Seheinschränkungen kann er möglicherweise nicht hinreichend wahrgenommen werden (für den Fall, dass sich Ihr Text an Personen mit Seheinschränkungen richtet, steht in allen gängigen Zeichensätzen eine dickere Variante des Mediopunkts zur Verfügung).

Aufgabe 12: Wörter gliedern

Wir empfehlen Ihnen die folgenden Schreibungen: *Kurz·atmigkeit; un·regelmäßig; berg·auf; Wasser-Einlagerung* oder *Wasser·einlagerung; Flüssigkeits·einlagerung; Erkrankung; verschlimmern.* Orientierungskriterien, welche Wörter wo untergliedert werden sollten, finden Sie im Ratgeber (Kap. 6.4).

All diese Zusammensetzungen und Ableitungen würden den Regeln der deutschen Orthografie entsprechend normalerweise in einem Wort geschrieben. Nur in Fällen wie *Wasser-Einlagerung* halten wir die Verwendung des Bindestrichs zur Hervorhebung der einzelnen Bestandteile in Leichter Sprache für gut vertretbar und geeignet.

Besonders problematisch wäre der Gebrauch des Bindestrichs dagegen bei *Kurzatmigkeit (Kurz-Atmigkeit)*. Der Zweitbestandteil *Atmigkeit* ist kein Wort und deshalb als einzelner, großgeschriebener Ausdruck nicht interpretierbar.

Aufgabe 13: Wortauswahl/Häufigkeit

	Häufigkeitsklasse Leipzig (Wörter mit größter Häufigkeit: 1)	Skalenwert Duden online (Wörter mit größter Häufigkeit: 5)
Erkrankung	11	3
Krankheit	9	3
Symptom	14	2
Anzeichen	11	3
Zeichen	9	3

Aufgabe 14: Differenzierte Wortauswahl

	Häufigkeit	allgem. Bedeutung	wenige Wortbausteine	Kernwort
Zeichen	9	+	+	+
Anzeichen	11	–	(+)	+
Symptom	14	–	+	–

Normalerweise gilt: Das Wort mit der niedrigsten Häufigkeitsklasse und den meisten positiven Merkmalen ist der beste Vertreter.

Die so ermittelten Vertreter können aber auch Nachteile haben: Sie sind nämlich manchmal nicht genau genug. So schneidet *Zeichen* im Vergleich mit *Anzeichen* und *Symptom* zwar am besten ab, es ist aber gleichzeitig auch das ungenaueste. Mit der Wahl des zentralen Vertreters eines Wortfeldes können also auch Informationen verloren gehen, die Sie für einen konkreten Zieltext brauchen.

Aufgabe 15: Wortverwendung

Sie führen erst das allgemeine Wort *(Zeichen)* ein und fügen dann das spezifische *(Symptom)* hinzu:

> Vielleicht haben Sie aber schon Zeichen für PAH bemerkt.
> Ihr Arzt sagt dazu: Symptome.
> (PAH-L, S. 10)

Oder Sie machen es umgekehrt: Sie führen zuerst das spezifische Wort ein und erklären es dann mit dem allgemeineren:

> Vielleicht haben Sie aber schon Symptome für PAH bemerkt.
> Symptome sind Zeichen für etwas.
> (eigene Übersetzung)

Teilweise werden aber auch die zentralen Vertreter eines Wortfeldes so beschaffen sein, dass sie erklärt werden müssen. Die Übersetzerin der PAH-Broschüre hat sich z. B. dafür entschieden, das Wort *Beschwerden* zu erklären:

Am Anfang macht PAH nur wenige Beschwerden.
Das heißt:
> Sie haben **keine** Schmerzen.
> Und Sie merken fast **nichts**.
> (PAH-L, S. 10)

Aufgabe 17: Erklärinstrumente

	Vorteile	Nachteile
Einrückung	Der Umfang der Erklärung ist sichtbar. Die Entfaltung des Texts wird weniger gestört.	Dieses Mittel muss von den Leser(inne)n erlernt werden, damit es verstanden wird.
Mouse-over-Box	Der Fließtext wird weniger durch Erklärungen gestört. Sie können flexibel »zugeschaltet« werden.	Personen mit Sehbehinderung können die Boxen schlecht wahrnehmen. Ihr Vorleseprogramm (Screenreader) hat damit häufig Probleme.
Randspalte	Erklärungen können aus dem Fließtext ausgelagert werden.	Die Leser(innen) müssen selbst die Verbindungen zwischen Fließtext und Erklärungen herstellen.
Glossar	Erklärungen können aus dem Fließtext ausgelagert und nur bei Bedarf konsultiert werden.	Hier ist der Aufwand, eine Verbindung zwischen Fließtext und Erklärung herzustellen, noch größer. Glossare sind außerdem häufig alphabetisch sortiert, was für manche Adressatengruppen eine Hürde darstellt.

Aufgabe 16: Erklärungen geben

Vielleicht haben Sie manchmal Schwindel·gefühle.
Das heißt:
In Ihrem Kopf dreht sich alles.
Und Sie können **nicht** sicher laufen.
Manchmal ist Ihnen auch schlecht.
Oder Sie glauben:
Ich werde gleich ohn·mächtig.
(eigene Übersetzung)

Aufgabe 17: Erklärinstrumente

[s. o.]

Aufgabe 18: Fachwörter verwenden

Testament, Erbschein und *Erbvertrag* bezeichnen zentrale Fachkonzepte, ohne die ein Verständnis des Erbrechts nicht gelingen kann. Sie sind so spezifisch, dass es für sie – anders als bei *Symptom/Zeichen* – keine Ersatzwörter gibt. Solche fachspezifischen Wörter werden deshalb auch in Leichter Sprache verwendet und müssen entsprechend erklärt werden (s. Ratgeber, Kap. 6.1.2; Grundlagenwerk, Kap. 9.2.1.2).

Aufgabe 19: Fachwörter suchen

Fachwörter:
Notar, Hinterlegung, Testament, Amtsgericht

Erklärung von *Notar:*
[…] fragen Sie einen Notar.
Der Notar kostet Geld.
Aber der Notar hilft Ihnen:
- Der Notar beantwortet alle Fragen zu Ihrem Testament.
- Und der Notar schreibt Ihr Testament für Sie.

(ERB-L, S. 29)

Erklärung von *Hinterlegung:*
Sie können Ihr Testament
einem Amts·gericht geben.
[…]
Sie geben dem Amts·gericht Geld.
Dann nimmt das Amts·gericht Ihr Testament.
Nach Ihrem Tod informiert das Amts·gericht
Ihre Erben.
(ERB-L, S. 42; gekürzt)

Erklärung von *Testament:*
Jeder Mensch kann plötzlich sterben.
Dann ist die Frage:
Wer bekommt das Haus?
Und wer bekommt das Auto?
Und wer bekommt das Geld?
Diese Entscheidungen schreiben Sie
vor Ihrem Tod in ein Testament.
Ein Testament ist ein Blatt Papier.
Auf das Papier schreiben Sie
Ihre Entscheidungen.
(ERB-L, S. 6)

Erklärung von *Amtsgericht:*

Das Amts·gericht ist eine Behörde.
Das Amts·gericht kümmert sich zum Beispiel um Ihr Testament.
(ERB-L, S. 42)

Hinweis: Wenn Sie einen Text übersetzen und Sie auf fachliche Fragen stoßen, die Sie nicht ohne Expertenwissen lösen können, holen Sie sich fachliche Unterstützung. Ihr Auftraggeber kann hier in der Regel beratend und prüfend tätig werden (s. Ratgeber, Kap. 5.4.6).

Aufgabe 20: Falsche Freunde – *Grundbuch*

Sie erben ein Grund·stück.
Sie sind dann der Eigentümer
von dem Grund·stück.
Als Eigentümer von dem Grund·stück
müssen Sie im Grund·buch stehen.
Ein Grund·buch ist eine Liste:
In der Liste stehen alle Eigentümer
von Grund·stücken.
Das Grund·buch ist beim Amts·gericht.
Lassen Sie das Grund·buch
so schnell wie möglich ändern.
Innerhalb von 2 Jahren
kostet die Änderung **nichts**.
(ERB-L, S. 30; abgewandelt / eigene Übersetzung)

Aufgabe 21: Falsche Freunde – *belegen*

Die gesetzliche Erb·folge gilt.
Dann brauchen alle Erben einen Erb·schein.
Dafür zeigen Sie dem Amts·gericht zum Beispiel
Ihre Geburts·urkunde.
Oder Ihre Heirats·urkunde.
Dann bekommen Sie den Erb·schein
von dem Amts·gericht.
(ERB-L, S. 51)

Anmerkung: Für die Übersetzung der falschen Freunde in Aufgabe **20** und Aufgabe **21** wurden zwei verschiedene Strategien gewählt: In Aufgabe **20** wurde das Wort *Grundbuch* erklärt, in Aufgabe **21** wurde das Wort *belegen* ersetzt.

Aufgabe 22: Fremdwörter verwenden

Diese Fremdwörter würde ich ersetzen bzw. weglassen:

- *eventuell, Aktivität:* nicht fachrelevant
- *Palpitation, Ödem:* zu speziell / klärt nichts auf; auch im Ausgangstext nur als zusätzliche Bezeichnungen in Klammern verwendet
- *intensiv:* durch *stark* ersetzbar

Diese Fremdwörter würde ich ohne Erklärung beibehalten:

–

Diese Fremdwörter würde ich mit einer Erklärung verwenden:

- *Symptom:* wird im Folgetext weiter gebraucht

Aufgabe 23: Fremdwort erklären

Sie haben eine Palpitation.
Das heißt:
Sie spüren Ihren Herzschlag deutlich.
Ihr Herz schlägt sehr schnell.
Oder Ihr Herz schlägt **nicht** regelmäßig.
Vielleicht haben Sie auch beides gleichzeitig:
Ihr Herz schlägt sehr schnell und Ihr Herz schlägt **nicht** regelmäßig.
(PAH-L, S. 11; abgewandelt / eigene Übersetzung)

Aufgabe 24: Eigennamen erklären

Sie finden eine Selbsthilfegruppe hier:
Pariser Straße 48, 1030 Wien.
Der Name von der Selbsthilfegruppe ist:
Offene Tür.
Die Selbsthilfegruppe gehört zu einem Verein.
Der Name von dem Verein ist:
PAH-Verein Austria.
Der PAH-Verein Austria gehört
zu einem noch größeren Verein.
Der Name von dem noch größeren Verein ist:
Gemeinschaft für seltene Erkrankungen.
(eigene Übersetzung)

Aufgabe 25: Rollenträger mithilfe von Eigennamen vereindeutigen

Nur diejenigen Rollen sind mit Eigennamen vereindeutigt, bei denen in der Darstellung des Sachverhalts ein Missverständnis auftreten kann. Wenn Eltern und Kinder erben, erben die Beteiligten jeweils gleich viel. Eine Differenzierung ist nicht nötig.
Anmerkung: Oft entscheidet sich erst im größeren Zusammenhang, für welche Rollenträger es sinnvoll ist, Namen zu vergeben. Prüfen Sie jeweils, wo Sie mit der Namenvergabe Missverständnissen vorbeugen können.

Stammbaum:

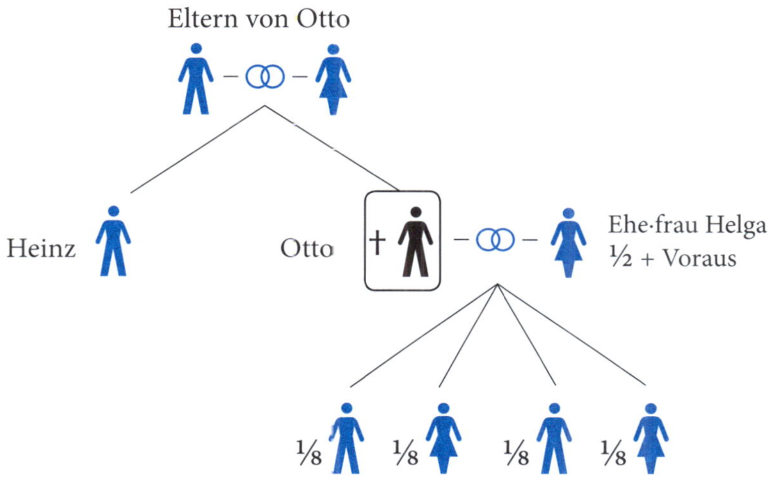

(ERB-L, S. 10)

Aufgabe 26: Eigennamen für Rollenträger vergeben

Benannt werden sollten die Verstorbene (Helga), ihr Mann (Otto), der Stiefsohn (Jürgen) sowie die Personen aus der Familie des Bruders der Witwe: der Bruder (Heinz), dessen Lebensgefährtin (Anne) und der Sohn (Jens). Die Eltern der Erblasserin und die erste Frau von Otto spielen für das Erbgeschehen keine Rolle.

Stammbaum:

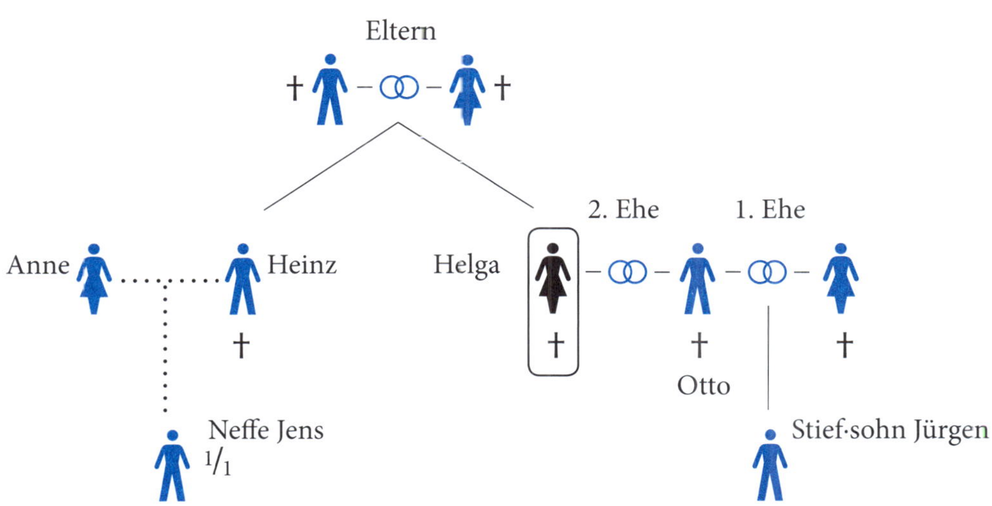

(ERB-L, S. 13)

Aufgabe 27: Ausgangsstrukturen analysieren

Nebensätze:
- *Wenn mehrere gemeinsam erben*
- *Wenn der Nachlass aufgeteilt werden soll*

Komplexe Nominalkonstruktionen; jeweils Genitive:
- *an allen Vermögensgegenständen der Erblasserin oder des Erblassers*
- *Gesamtheit des »Nachlasses«*

Passiv:
- *Wenn der Nachlass aufgeteilt werden soll*
- *alle sind [...] beteiligt*

Reihungen:
- *etwa der Witwe das Haus und den Kindern das Geld*
- *der Erblasserin oder des Erblassers*
- *nicht jedem Einzelnen [...], sondern alle sind (nicht – sondern)*

Wortreihenfolge:
- wegen der jeweils vorangehenden Nebensätze steht das Subjekt nicht an erster Stelle (keine SPO-Strukturen)
- nur eine (etwas versteckte) SPO-Struktur: *alle sind mit ihrem Anteil*

Aufgabe 28: Relativsätze übersetzen

Beispiel 1:

Es gibt verschiedene Arten von PAH.
Aber die Behandlung von PAH ist immer gleich.
(eigene Übersetzung)

Beispiel 2:

Alle Menschen können PAH bekommen:
- Frauen können PAH bekommen.
- Männer können PAH bekommen.
- Kinder können PAH bekommen.
- Menschen mit jeder Hautfarbe können PAH bekommen.

Aber nur wenige Menschen haben PAH.
PAH ist nämlich sehr selten.
(eigene Übersetzung)

Beispiel 3:

Die Erben müssen auch die Schulden
von der verstorbenen Person bezahlen.
(eigene Übersetzung)

Anmerkung: In diesem Beispiel konnte die komplexe Ausgangstextstruktur in einen einfachen Satz gebracht werden; ein eigener Satz, der die Information aus dem Relativsatz wiedergibt, war nicht erforderlich.

Aufgabe 29: Relativsätze in Mehrfacheinbettung

Beispiel 1:

Aber es gibt gute Behandlungen.
Diese Behandlungen helfen Ihnen im Alltag.
Sie können dann wieder mehr machen.
(eigene Übersetzung)

Beispiel 2:

Sie wollen wissen:
Wie schwer ist die Krankheit bei mir?
Dafür haben die Ärzte 4 Stufen.
Die 4 Stufen beschreiben:
Wie viel können Sie noch machen?
(eigene Übersetzung)

Anmerkung: Dieser Text ist natürlich noch nicht besonders informativ; für die Leser(innen) wird es auch wichtig sein zu wissen, was genau die vier Stufen bedeuten. Wir haben uns aber hier ganz auf die Konstruktionseigenschaft (Mehrfacheinbettungen bei Relativsätzen) konzentriert.

Aufgabe 30: Ergänzungssätze übersetzen

Beispiel 1:

Sie wollen wissen:
    Welche Art von PAH habe ich?
Fragen Sie Ihren Arzt.
Ihr Arzt sagt Ihnen:
    Diese Art von PAH haben Sie.
(eigene Übersetzung)

Beispiel 2:

Der Test prüft:
- Können Sie in 6 Minuten einen längeren Weg laufen als früher?
- Können Sie in 6 Minuten den gleichen Weg laufen wie früher?

– Oder können Sie in 6 Minuten nur noch einen kürzeren Weg laufen als früher?
(eigene Übersetzung)

Beispiel 3:
Machen Sie sich eine Liste.
Auf diese Liste schreiben Sie:
– Welche Medikamente muss ich nehmen?
– Wie viele Medikamente muss ich nehmen?
– Wann muss ich die Medikamente nehmen?
Vielleicht wollen Sie die Liste auch wichtigen Menschen geben:
Zum Beispiel Ihrer Frau oder Ihrem Mann.
Oder Ihrer Schwester oder Ihrem Bruder.
Oder Ihrem Sohn oder Ihrer Tochter.
(eigene Übersetzung)

Aufgabe 31: Infinitivsätze übersetzen

Beispiel 1:
Das Heft hilft Ihnen:
Mit den Informationen aus dem Heft können Sie Ihre Krankheit besser verstehen.
Und Sie können bessere Entscheidungen treffen.
(eigene Übersetzung)

Beispiel 2:
Die Ärzte können die PAH immer besser behandeln.
Das hilft Ihnen:
Ihre Krankheit wird dann vielleicht für längere Zeit **nicht** schlimmer.
Und Sie können ein normales Leben führen.
(eigene Übersetzung)

Aufgabe 32: Konditionale Nebensätze übersetzen

Beispiel 1:
Vielleicht haben Sie PAH schon länger.
Dann bekommen Sie die Symptome öfter.
Und Sie bekommen mehr Symptome.
(eigene Übersetzung; vgl. auch Lösung zu Aufgabe 5)

Beispiel 2:
Sie haben die Krankheit PAH.
Die Krankheit PAH verändert Ihr Leben.
Sprechen Sie offen mit Ihrer Familie.
Und sprechen Sie offen mit Ihren Freunden.
Das ist vielleicht **nicht** angenehm für Sie.
Solche Gespräche können Ihnen aber trotzdem helfen.
(eigene Übersetzung)

Beispiel 3:
Sprechen Sie offen mit Ihrer Familie über Ihre Krankheit.
Und sprechen Sie offen mit Ihren Freunden.
Das ist schwer für Sie?
Dann sprechen Sie mit Ihrem Arzt.
Ihr Arzt kann Ihnen sicher helfen.
(eigene Übersetzung)

Aufgabe 33: Konditionale Nebensätze im juristischen Kontext

Beispiel 1:
Vielleicht möchten Sie genau wissen:
Das gilt in meinem Fall.
Dann fragen Sie einen Notar.
(eigene Übersetzung)

Beispiel 2:
Sie wollen ein Testament machen?
Aber Sie wollen dafür nicht zum Notar gehen?
Dann müssen Sie Ihr Testament mit der Hand schreiben.
Und Sie müssen Ihr Testament unterschreiben.
(eigene Übersetzung)

Aufgabe 34: Kausale Nebensätze übersetzen

Beispiel 1:
Die 2 Kinder von dem Sohn erben **nichts**.
Der Vater von den 2 Kindern lebt nämlich noch.
(eigene Übersetzung)

Beispiel 2:
In Fertig·gerichten ist oft viel Salz.
Und viel Fett.
Und viel Zucker.
Diese Sachen sind schlecht für Sie.
Essen Sie deshalb **keine** Fertig·gerichte
(eigene Übersetzung; s. auch Anhang 2)

Beispiel 3:
Ihre Familie und Ihre Freunde können die PAH **nicht** sehen.

Deshalb verstehen Ihre Familie und Ihre Freunde manchmal **nicht**:

Welche Probleme haben Sie mit der PAH?

Wie schwer ist ein Leben mit der PAH?

(eigene Übersetzung)

Aufgabe 35: Unklare Kausalgefüge

Ursache:
Jeder Mensch ist einzigartig.

Wirkung:
Ernährungshinweise, die für alle PAH-Patienten gelten, kann es nicht geben.

Anschließend wird eine Ernährungsweise für jedermann empfohlen.

Vorgehensweise bei der Übersetzung:
Es stellt sich die Frage: Wie bedeutsam ist die Information, dass jeder Mensch einzigartig ist, für die Leser(innen) des Texts? Benötigen die Leser(innen) diese Information? Welche Information benötigen sie stattdessen?

Die Übersetzerin der Musterlösung (PAH-L, S. 19 f.) hat den Satz nicht in den Zieltext übernommen und stattdessen konkrete Ernährungshinweise gegeben (s. Anhang 2):

Bei PAH ist eine gesunde Ernährung wichtig.
Das heißt:
Sie essen gesunde Sachen?
Dann fühlen Sie sich besser.
Sie möchten wissen:
- Welche Lebens·mittel sind gut für mich?
- Und welche Lebens·mittel sind schlecht für mich?

Dann lesen Sie den Text weiter.

Diese Lebens·mittel sind gut für Sie:
- Obst.
- Gemüse.
- […]

Aufgabe 36: Alleinstehende Kausal- und Konditionalsätze

a. Vor- und Nachteile

Vorteil: Ein möglicher Vorteil für die Verwendung von *weil* und *wenn* am Satzanfang ist, dass mit diesen Wörtern die Bedeutungsrelationen der Kausalität und der Konditionalität, die sehr häufig gebraucht werden, scheinbar einfach und ökonomisch ausgedrückt werden können.

Nachteil: In der Standardsprache können *wenn* und *weil* nur in Satzgefügen verwendet werden. In Leichter Sprache sind aber nur Einzelsätze möglich. Wenn Einzelsätze mit *wenn* und *weil* eingeleitet werden, ist das ein Verstoß gegen die deutsche Grammatik.

b. Alternative Übersetzungen

Beispiel 1:

Unsere Kinder Gisela und Jürgen erben erst nach unserem Tod.
Gisela und Jürgen erben gleich viel.

Anmerkung: Die Information *nach unserem Tod* ist hier bereits ausreichend.

Beispiel 2:

Frieda und Otto sind geschieden.
Deshalb erbt Frieda **nichts**.

Oder:
Frieda erbt **nichts**.
Frieda und Otto sind nämlich geschieden.

Aufgabe 37: Finale Nebensätze übersetzen

Beispiel 1:

Sie wollen viele Sachen normal weiter machen.
Dann müssen Sie lernen:
Das mache ich bei Beschwerden.
So behandelt der Arzt meine Beschwerden.
Dann können Sie die meisten Sachen normal weiter machen.
(eigene Übersetzung)

Anmerkung: In der Übersetzung wird deutlich, dass der Informationsgehalt des Ausgangstexts an dieser Stelle begrenzt ist. Insbesondere dann, wenn Sie Platzprobleme haben oder der Auftraggeber eine besonders kurze Version des Leichte-Sprache-Textes wünscht, sind es solche Stellen, die als erste entfallen können.

Beispiel 2:

Sie wollen sich um wichtige Sachen
in Ihrem Leben kümmern.
Dann lesen Sie die Broschüre.
Sie wissen dann mehr über PAH.
Das hilft Ihnen:
Sie können Ihre Gefühle dann
besser verstehen.
Und es geht Ihnen besser.
Sie können sich dann wieder um die wichtigen
Sachen in Ihrem Leben kümmern.
(eigene Übersetzung)

Aufgabe 38: Konsekutive Nebensätze übersetzen

Beispiel 1:

Sie wollen eine niedrige Stufe von der PAH
haben.
Und Sie wollen die niedrige Stufe von der PAH
lange behalten.
Dabei bekommen Sie Hilfe:
Ihr Arzt kann die Symptome verbessern.
(eigene Übersetzung)

Beispiel 2:

Die Broschüre hat verschiedene Teile:
Sie können die Broschüre ganz durchlesen.
Oder Sie können nur einzelne Teile
von der Broschüre lesen.
(eigene Übersetzung)

Aufgabe 39: Konzessiven Nebensatz übersetzen

Sie haben schon Symptome von der PAH.
Sie wollen trotzdem lange gesund bleiben.
Dafür können Sie selbst viel tun.
(eigene Übersetzung)

Aufgabe 40: Vor- und Nachzeitigkeit

Beispiel 1:
Es handelt sich um Vorzeitigkeit.

Übersetzung:

Erinnern Sie sich zurück.
Sie haben erfahren:
Ich habe PAH.
Wahrscheinlich hatten Sie diese Gefühle:
– Sie hatten Angst.
– Sie waren verzweifelt.
– Sie waren traurig.
Jetzt sagen Sie Ihrer Familie und Ihren Freunden
Ich habe PAH.
Ihre Familie und Ihre Freunde haben jetzt
bestimmt auch diese Gefühle:
– Angst.
– Verzweiflung.
– Traurigkeit.
Diese Gefühle sind ganz normal.
(eigene Übersetzung)

Beispiel 2:
Es handelt sich um Nachzeitigkeit.

Übersetzung:

Sie machen Sport.
Dabei merken Sie:
Ich werde ein bisschen müde.
Dann machen Sie sofort langsamer.
Strengen Sie sich **nicht** zu sehr an.
(eigene Übersetzung)

Aufgabe 41: Temporalität/Adversativität

Satz 1 ist echt temporal – es geht darum, sich simultan zum Lesen Notizen zu machen. In Satz 2 ist ein Gegensatz formuliert: Vieles ist bekannt, aber eben noch nicht alles.

Für beide Sätze gelten also ganz verschiedene Übersetzungsanforderungen, obwohl sie an der Oberfläche ähnlich sind.

Übersetzung Satz 1:

Sie bekommen viele Informationen
in diesem Heft.
Vielleicht haben Sie zu diesen Informationen
noch eigene Ideen.
Schreiben Sie Ihre Ideen auf.
Legen Sie sich dafür einen Zettel und einen Stift
neben das Heft.
Dann können Sie Ihre eigenen Ideen
gleich aufschreiben.
(eigene Übersetzung)

Übersetzung Satz 2:

Warum bekommen Menschen PAH?
Darüber wissen die Ärzte schon viel.
Aber die Ärzte wissen es noch **nicht** ganz genau.
(eigene Übersetzung)

Aufgabe 42: Die Gemeinsame Einordnungsinstanz (GEI) ermitteln

Beispiel 1:

Wer erbt mein Geld?
Und wer erbt meine Sachen? (= GEI)
Sie haben **kein** Testament gemacht?
Und Sie sind **nicht** verheiratet?
Und Sie haben **keine** Verwandten?
Dann erbt der Staat Ihr Geld.
Und der Staat erbt Ihre Sachen.
(eigene Übersetzung)

Beispiel 2:

Es gibt immer mehr spezielle Hilfen
für Menschen mit PAH: (= GEI)
Nutzen Sie die speziellen Hilfen:
Die Symptome von der PAH sind dann
nicht so schlimm.
Die PAH wird **nicht** so schnell schlechter.
Und Sie fühlen sich besser.
(eigene Übersetzung)

Beispiel 3:

So fühlen Sie sich besser.
Und so können Sie mit der PAH besser leben:
(= GEI)
Ernähren Sie sich gesund.
Machen Sie Sport.
Ruhen Sie sich aus.
Sprechen Sie mit Ihrer Familie
über Ihre Gefühle.
Und sprechen Sie mit Ihrer Familie
über Ihre Sorgen.
Sprechen Sie auch mit Ihren Freunden.
(eigene Übersetzung)

Aufgabe 43: Auslassungen vervollständigen

Beispiel 1:

Ein Ehemann hinterlässt seine Frau.
Und der Ehemann hinterlässt vier Kinder.
Auch seine Eltern leben noch.
Und sein Bruder lebt noch.
(eigene Übersetzung)

Beispiel 2:

Der Angeklagte hat die Vorwürfe bestritten.
Und der Angeklagte hat das ausgesagt:
Ich habe meine Geschwindigkeit angepasst.
Und ich bin rechtzeitig
zum Stehen gekommen.
(SAND-L)

Beispiel 3:

Legen Sie den Schwerpunkt auf diese Aktivitäten.
Und legen Sie den Schwerpunkt
auf die Beziehungen zu diesen Menschen.
(eigene Übersetzung)

Aufgabe 44: Auslassungen bei Reihungen

Vorteile: Wiederholungen können vermieden werden, der Text ist kürzer und wirkt insgesamt stärker vernetzt. Die Zusammengehörigkeit von bestimmten Aussagen wird betont.

Nachteile: Die kurzen Sätze funktionieren nur, wenn es dem Leser / der Leserin gelingt, die Verbindung zwischen ihnen herzustellen. Dafür ist eine bestimmte Aufmerksamkeitsspanne nötig, die vielleicht nicht bei allen Leser(inne)n gegeben ist. Die Auslassungen stellen also höhere Anforderungen an den Leser / die Leserin.

Aufgabe 45: Geschlechtergerechte Personenbezeichnungen in Leichter Sprache

Sie möchten einen Erb·vertrag machen?
Fragen Sie einen Notar.
Nur ein Notar kann den Erb·vertrag machen.
(eigene Übersetzung)

Aufgabe 46: Komplexe Nominalgefüge auflösen

Übertragen in ein Satzgefüge:

Weil das Verständnis über PAH gewachsen ist und neue Therapieoptionen zur Verfügung stehen, haben sich für Patienten die Chancen verbessert, mit PAH ein nahezu normales Leben zu führen.

Den Fünfschritt für Satzgefüge beschreiten:

1. Schritt: Klären Sie inhaltliche Fragen.

- (hier nicht von Bedeutung)

2. Schritt: Entflechten Sie das Satzgefüge.

Das Verständnis über PAH ist gewachsen.
Es stehen neue Therapieoptionen zur Verfügung.

Die Chancen für Patienten haben sich verbessert.
Die Patienten können jetzt ein nahezu normales Leben führen.

3. Schritt: Arbeiten Sie die Bedeutungsbeziehungen zwischen den entflochtenen Sätzen heraus.
Unter der – nicht explizit ausformulierten – GEI *mehr über die Krankheit wissen* werden hier die ersten beiden Sätze mit *und* gereiht. Die Kausalität kann durch *deshalb* ausgedrückt werden.

> Das Verständnis über PAH ist gewachsen.
> Und es stehen neue Therapieoptionen zur Verfügung.
> Deshalb haben sich die Chancen für Patienten verbessert.
> Die Patienten können jetzt ein nahezu normales Leben führen.

4. Schritt: Ersetzen Sie weitere nicht erlaubte Konstruktionen.
Hier liegen passivähnliche Strukturen vor, die ersetzt werden sollten:

- haben sich die Chancen verbessert → *besser helfen*
- das Verständnis ist gewachsen → *mehr verstehen / mehr wissen*

5. Schritt: Prüfen Sie die Wortwahl.
Die folgenden Wörter sollten ersetzt werden:

- Therapieoptionen → *Behandlungen*
- stehen zur Verfügung → *es gibt*
- nahezu → *fast*
- Leben führen → *leben*

Ergebnis:

> Die Ärzte wissen jetzt mehr über PAH als früher.
> Und es gibt neue Behandlungen für PAH.
> Die neuen Behandlungen helfen den Patienten besser.
> Deshalb können jetzt viele Patienten fast normal leben.
> (eigene Übersetzung)

Anmerkung: Bei der Auflösung von *mehr Verständnis* in *mehr wissen* mussten wir einen Handlungsträger erfinden, der das Subjekt von *wissen* ist (hier: *Ärzte*). Diese Fälle greifen wir mit den Aufgaben **49** und **50** auf.

Aufgabe 47: Genitiv/Auflösungspotenziale

Der Genitiv ist Teil einer verborgenen Satzkonstruktion:

- Übertragung eines einzelnen Gegenstandes:
  → jemand überträgt einen Gegenstand
- Zahlung einer Geldsumme:
  → jemand zahlt eine Geldsumme

Der Genitiv ist nicht Teil einer verborgenen Satzkonstruktion:

- Gesamtheit Ihres Vermögens

Aufgabe 48: Genitiv ohne Satzkonstruktion

Beispiel 1:

> Sie können eine Liste mit den Namen von Ihren Ärzten machen.
> (eigene Übersetzung)

Anmerkung: Die *von*-Konstruktion ist hier ein geeignetes Mittel.

Beispiel 2:

> FK heißt: Funktionelle Klasse.
> Mit FK kann der Arzt sagen:
> So stark verändert PAH Ihr Leben.
> (eigene Übersetzung)

Anmerkung: Viel besser als eine *von*-Konstruktion ist es an dieser Stelle, die Leser(innen) direkt anzusprechen. *Von*-Konstruktionen sind für Leichte-Sprache-Texte oft keine ideale Lösung, weil sie häufig in komplexen Nominalgefügen stehen, die es in Leichter Sprache aufzulösen gilt.

Beispiel 3:

> Machen Sie eine Liste.
> Auf die Liste schreiben Sie:
> – Welche Medikamente nehme ich?
> – Welche anderen Mittel brauche ich?
> Zum Beispiel Vitamine.
> (eigene Übersetzung)

Anmerkung: Auch hier kommt keine *von*-Konstruktion zum Einsatz. Das komplexe Nominalgefüge, das im Ausgangstext zudem eine Reihung aufweist, wurde in Einzelsätze aufgelöst.

Bei der Wortwahl haben wir uns hier dafür entschieden, bei *Medikamente* das Verb *nehmen* zu wählen und bei *Mittel* das Verb *brauchen*; *Medikamente nehmen* ist eine feste Wendung und dürfte auch von den primären Adressat(inn)en gut verstanden werden; *Mittel nehmen* ist dagegen keine feste Wendung und könnte deshalb zu Verstehensproblemen führen.

Aufgabe 49: Passiv – Handlungsträger ermitteln

Sie werden festgestellt haben, dass Sie in manchen Fällen den Originaltext konsultieren müssen, um eine Lösung zu finden. Solche Fälle sind nicht außergewöhnlich. Sollte der Handlungsträger auch im Originaltext nicht genannt werden oder unklar bleiben, fragen Sie Ihren Auftraggeber.

Beispiel 1:
Hier können Sie den Handlungsträger aus dem vorangegangenen Satz und dem Wissen über die Textsorte »Patientenbroschüre« ermitteln: Es sind die Autoren der Broschüre, die dem Leser oder der Leserin Wege aufzeigen.

Beispiel 2:
Hier können Sie den Handlungsträger aus dem Satz selbst rekonstruieren: Der Arzt oder die Ärztin setzt das Schreiben auf.

Beispiel 3:
Hier können Sie den Handlungsträger aus dem Ausgangstext (s. Anhang 1) rekonstruieren: Handlungsträger ist die gesetzliche Erbfolge. Sie gilt ganz allgemein und formal und berücksichtigt darum keine Besonderheiten oder Wünsche der Erblasser(innen).

Anmerkung: Auch wenn die gesetzliche Erbfolge bzw. das Gesetz keine Person ist, so ist sie hier doch Handlungsträger. Handlungsträger können also auch abstrakte Konzepte sein, es muss sich nicht um Personen oder Lebewesen handeln.

Beispiel 4:
Auch hier können Sie den Handlungsträger aus dem Ausgangstext rekonstruieren: Der Notar berät in rechtlichen Fragen.

Beispiel 5:
Hier können Sie den Handlungsträger aus der Textlogik rekonstruieren: Es handelt sich um den Erblasser.

Aufgabe 50: Passivkonstruktionen übersetzen

Beispiel 4:

Sie haben Fragen zu Ihrem Testament?
Fragen Sie den Notar.
Der Notar berät Sie.
(eigene Übersetzung)

Beispiel 5:

Ihr Sohn und Ihre Tochter sollen
gleich viel erben?
(eigene Übersetzung)

Aufgabe 51: Umgang mit Infinitivkonstruktionen

So können mir meine Familie und meine Freunde helfen.

Meine Familie und meine Freunde können das für mich machen:
- Sachen für mich einkaufen
- etwas für mich kochen
- mir im Haus·halt helfen
  Zum Beispiel:
  die Wäsche waschen
  oder bügeln.

Meine Familie und meine Freunde können auch das für mich machen:
- mit mir zum Arzt gehen
- wichtige Informationen vom Arzt aufschreiben
- meine Medikamente abholen

(eigene Übersetzung)

Aufgabe 52: Handlungsträger für Konstruktionen mit Adjektiven auf *-bar* ermitteln

Vielleicht waren die Beispiele in unserem Heft gut für Sie:

Eine Familie in dem Heft war genauso
wie Ihre Familie.

Aber vielleicht waren die Beispiele auch
noch **nicht** gut für Sie:
Die Familien in dem Heft waren anders
als Ihre Familie.
Sie wollen genau wissen:
Wer bekommt meine Sachen?
Und was muss ich genau machen?
Dann gehen Sie zu einem Anwalt.
(eigene Übersetzung)

Aufgabe 53: Sätze mit abstrakten Handlungsträgern übersetzen

Was können Sie selbst tun?
- Ernähren Sie sich gesund.
- Machen Sie Sport.
- Ruhen Sie sich aus.
- Sprechen Sie mit Ihrer Familie
über Ihre Gefühle.
Und sprechen Sie mit Ihrer Familie
über Ihre Sorgen.
Sprechen Sie auch mit Ihren Freunden.

(eigene Übersetzung)

Aufgabe 54: Von der indirekten zur direkten Rede

Beispiel 1:
Der Anwalt hat gesagt:
Das Gericht darf meinen Mandanten
nicht bestrafen.
Das Gericht kann die Schuld
von meinem Mandanten
nämlich **nicht** beweisen:
Vielleicht ist mein Mandant **nicht**
schuld am Tod von dem Auto·fahrer.
Vielleicht ist ein anderer Fahrer
schuld am Tod von dem Auto·fahrer.
(eigene Übersetzung)

Beispiel 2:
Der angeklagte Lkw-Fahrer hat gesagt:
Ich bin **nicht** zu schnell gefahren.
Ich habe gebremst.
Aber ein dritter Lkw-Fahrer ist auch
in die Unfall·stelle gefahren.
Der dritte Lkw hat meinen Lkw angeschoben.
Deshalb bin ich in den zweiten Lkw gefahren.
Und deshalb ist der zweite Lkw-Fahrer
in das Auto gefahren.
(SAND-L)

Aufgabe 55: Potenzialis

Helga und Otto sind verheiratet.
Helga und Otto haben 2 Kinder:
Gisela und Jürgen.
Otto stirbt.
Helga erbt **nichts**?
Dann erbt Gisela die eine Hälfte
von den Sachen von Otto.
Und Jürgen erbt die andere Hälfte
von den Sachen von Otto.
(eigene Übersetzung)

Aufgabe 56: Irrealis

Beispiel 1:
Helga und Otto sind ein Paar.
Otto stirbt.
Helga ist die Erbin von Otto.
Das heißt:
Helga erbt Sachen von Otto.
Aber Helga muss Erbschaft·steuer bezahlen.
Das heißt:
Helga muss als Erbin dem Staat Geld geben.
Helga und Otto waren verheiratet?
Dann ist die Erbschaft·steuer **nicht** so hoch.
Helga und Otto waren **nicht** verheiratet?
Dann ist die Erbschaft·steuer hoch.
(eigene Übersetzung)

Beispiel 2:
Otto und Helga sind verheiratet.
Otto und Helga haben keine Kinder
Helga stirbt.
Otto erbt ¾ von den Sachen von Helga.
Was erben die Eltern von Helga?
Leben beide Eltern von Helga noch?
Dann bekommen die Eltern zusammen
¼ von den Sachen von Helga.
Der Vater bekommt
⅛ von den Sachen von Helga.
Und die Mutter bekommt
⅛ von den Sachen von Helga.
Lebt nur noch die Mutter von Helga?
Dann bekommt die Mutter alleine
¼ von den Sachen von Helga.
Lebt nur noch der Vater von Helga?
Dann bekommt der Vater alleine
¼ von den Sachen von Helga.
(eigene Übersetzung)

Aufgabe 57: Umgang mit Präteritum/ Plusquamperfekt

Die erste Lösung ist von der Textsorte vorgegeben. Hier handelt es sich um einen Nachrichtentext. Nachrichtentexte starten üblicherweise mit der Nachricht selbst und entfalten dann die Ereignisse um den aktuellen Berichtsmoment herum.

Die zweite Lösung gibt den Leser(inne)n so etwas wie eine Versetzungsanweisung: Sie befinden sich jeweils gedanklich in der angegebenen Zeit. Im vorliegenden Beispiel werden sie in den April 2011, in den Mai 2011 etc. hineinversetzt. Allerdings entspricht diese Lösung nicht der Textsorte »Nachrichten«, sodass sie im gegebenen Fall nicht infrage kommt. Für andere Textsorten, die eine chronologische Abfolge der Ereignisse tolerieren, kann sie die angemessene Lösung darstellen. Die zweite Lösung kommt darum beispielsweise für die Darstellung weitreichender Vor- oder Zurückverweise infrage, wie wir sie z. B. in Geschichtsbüchern finden.

Aufgabe 58: Futur

Beispiel 1:

Sie haben PAH.
Sie haben diese Gefühle:
Sie haben Angst.
Sie sind verzweifelt.
Sie sind traurig.
Einige Menschen wissen nur ganz wenig über die PAH.
Deshalb verstehen diese Menschen Ihre Gefühle vielleicht **nicht**.
(eigene Übersetzung)

Beispiel 2:

Sie wollen wissen:
Was ist PAH genau?
Was kann ich mit PAH noch machen?
Was kann ich mit PAH **nicht** mehr machen?
Auch Ihre Familie und Ihre Freunde wollen wahrscheinlich viel über PAH wissen.
Sagen Sie Ihrer Familie und Ihren Freunden:
So ist PAH.
So lebe ich mit PAH.
(eigene Übersetzung)

Beispiel 3:

Sie bekommen **nicht** gern Hilfe von anderen?
Aber Sie nehmen die Hilfe trotzdem an.
Dann merken Sie wahrscheinlich:
Die anderen freuen sich.
Die anderen wollen Ihnen gern helfen.
(eigene Übersetzung)

Anmerkung: Hier wurde für die Übersetzung tief in die Bedeutung des Satzes eingegriffen; eine Interpretation war nötig, weil der Ausgangssatz wenig konkret ist.

Aufgabe 59

[s. gegenüberliegende Seite]

Aufgabe 60: Mittelfeld optimieren

a.

Vorfeld	linke Klammer	Mittelfeld	rechte Klammer
Der Lkw-Fahrer	sei	bei dem Unfall im April 2011 auf der A 19 zu schnell in die Sandwolke	hineingefahren
Dann	sei	er mit einem vor ihm fahrenden Lastwagen	zusammengestoßen

b. (Mittelfeldkonstruktionen in geschweiften Klammern)

Im April 2011 gab {es einen Unfall}.
Der Unfall war {auf der A 19}.
Dort war {ein Sandsturm}.
Der Lkw-Fahrer ist {zu schnell in den Sandsturm} gefahren.
Der Lkw-Fahrer ist {in einen zweiten Lkw} gefahren.

Aufgabe 59: Einteilige Prädikate

Legen Sie Ihr Testament an einen sicheren Platz
in Ihrer Wohnung.
Oder geben Sie Ihr Testament einem Freund.
Oder geben Sie Ihr Testament
einem Verwandten.
Oder geben Sie Ihr Testament dem Amts·gericht.
Ihr Testament ist beim Amts·gericht sicher.
Aber das Amts·gericht erhebt Gebühren.
Das heißt:
Das Amtsgericht nimmt Geld dafür.
(eigene Übersetzung)

Aufgabe 60

[s. gegenüberliegende Seite]

Aufgabe 61: Richtige Wortreihenfolge (SPO)

a. Übersetzung
Ein Familien·mitglied von Ihnen hat PAH.
Sie kümmern sich um das Familien·mitglied.
Dann verändern sich vielleicht viele Dinge für Sie:
Vielleicht müssen Sie eine andere Arbeit machen.
Vielleicht müssen Sie auch
in eine andere Wohnung ziehen.
Vielleicht haben Sie jetzt auch weniger Geld.
Viele Sachen sind vielleicht **nicht** mehr
so einfach wie früher.
Aber Sie bekommen Hilfe.
(eigene Übersetzung)

b. Begründung für Abweichungen von der SPO-Folge
Mit der Voranstellung von *dann* wird die Folgebeziehung zwischen den Sätzen herausgestellt. Die Voranstellung von *vielleicht* betont einen Ebenenwechsel (vom Allgemeinen zum Besonderen). Weil es sich um eine Reihung handelt, wird die Voranstellung von *vielleicht* beibehalten; durch die strukturelle Parallelität wird die Zusammengehörigkeit der drei Sätze gestärkt.

Aufgabe 62: Negation

Beispiel 1:
Sie haben die Diagnose PAH bekommen.
Jetzt fühlen Sie sich bestimmt schlecht.
(eigene Übersetzung)

Anmerkung: Die Negation lässt sich in diesem Beispiel gut vermeiden. In Leichter Sprache sollten Sie in solchen Fällen auf Negation verzichten.

Beispiel 2:
Otto hat noch einen Sohn: Jens.
Die Mutter von Jens ist Maria.
Otto und Maria waren **nicht** verheiratet.
(eigene Übersetzung)

Anmerkung: Die Negation ist hier nicht vermeidbar. Die zentrale Aussage ist hier gerade, dass Otto und Maria nicht verheiratet waren; dies hat Auswirkungen auf die Erbfolge und muss entsprechend dargestellt werden.

Beispiel 3:
Das Urteil gilt noch **nicht**.
(eigene Übersetzung)

Anmerkung: Auch hier ist die Negation essenzieller Teil der Aussage. Sie kann nicht vermieden werden und erscheint folglich auch in der Übersetzung.

Aufgabe 63: Negation – Übersetzungsanalyse

In keinem Fall ist die Negation ganz verzichtbar. Zu prüfen ist, ob die *k*-Negation durch eine Negation mit *nicht* ersetzt werden kann:

Beispiel 1:
Sie müssen sich **nicht** sorgen.
(eigene Übersetzung)

Anmerkung: Der Einsatz von *nicht* gegenüber *kein* ist hier teuer erkauft: *sorgen* ist ein Verb mit vielen verschiedenen Bedeutungen. Um zur gemeinten Bedeutung zu kommen, muss das Reflexivpronomen *sich* korrekt ausgewertet werden. *Sorgen machen* stellt hier weniger hohe Ansprüche. Die *k*-Negation kann in diesem Kontext daher in Kauf genommen werden.

Beispiel 2:
Es tut Ihnen **nichts** weh.
(eigene Übersetzung)

Anmerkung: Diese Alternative ist akzeptabel. Betrachtet man Beispiel 2 jedoch in seinem Kontext, stellt man fest, dass *Schmerz* bzw. *schmerzen* als lexikalische Einheit durch den Text geführt wird und mehrmals auftaucht, nicht dagegen *weh tun*. Eine andere Leichte-Sprache-Regel – gleiche Gegenstände gleich zu benennen (s. Aufgaben **68** und **69**) – spricht also hier für die Variante mit der *k*-Negation.

Beispiel 3:

> *Deshalb sollen Sie **nicht** Alkohol trinken.
> (eigene Übersetzung)

Anmerkung: Diese Übersetzung hat eine starke alternative Lesart: Nicht *Alkohol*, sondern (beispielsweise) *Wasser* sollen Sie trinken. Der Sachverhalt wird hier aber anders entworfen: Die Formulierung legt also einen Kontrast nahe, der nicht beabsichtigt ist. Darum gibt es hier keinen guten Ersatz für die *k*-Negation.

Aufgabe 64: Negation – *un*-Präfigierung

Beispiel 1:
Die Negation kann hier vermieden werden:

> Am Anfang macht PAH
> nur wenige Beschwerden.
> (PAH-L, S. 10)

Beispiel 2:

> Ihr Herz schlägt schnell.
> Oder Ihr Herz schlägt **nicht** regelmäßig.
> (PAH-L, S. 11)

Beispiel 3:
Wie in Beispiel 1 kann auch hier die Negation vermieden werden:

> Es gibt verschiedene Arten von PAH.
> Die Behandlung für diese verschiedenen Arten von PAH kann aber gleich sein.
> (eigene Übersetzung)

Aufgabe 65: Informationsauswahl reflektieren

Welche Informationen sind in den Leichte-Sprache-Text übernommen worden?

- Die zentralen Informationen sind übernommen worden: Das Verhältnis von Testament, Erbvertrag und gesetzlicher Erbfolge wird sowohl im Ausgangs- als auch im Zieltext behandelt. Außerdem enthält der Abschnitt in beiden Fassungen ausführlichere Informationen zum Testament.

Welche Informationen sind nicht übernommen worden?

- Die gesetzliche Erbfolge wird im Ausgangstext motiviert (»beruht auf den allgemeinen Vorstellungen darüber, an wen das Vermögen von Verstorbenen gerechterweise fallen sollte«); im Zieltext wird sie einfach »gesetzt«, ohne dass Informationen dazu gegeben würden, warum der Gesetzgeber sie in dieser Weise eingerichtet hat.
- Die vier Abschnitte von »Wer ein **Testament** macht« bis »notariell beurkunden lassen«, in denen Testament und Erbvertrag gegeneinander abgewogen werden, sind nicht in den Zieltext übernommen. Die Informationen zu diesem Thema erscheinen in reduzierter Form direkt in den Abschnitten zu »Testament« und »Erbvertrag« in späteren Abschnitten der Broschüre.
- Ebenso sind die Ausführungen zum Höferecht nicht übernommen worden. Das Höferecht wird in der Broschüre ausführlich behandelt. In der Leichte-Sprache-Fassung wird das Höferecht dagegen nur knapp erwähnt (S. 41) und die Leser(innen) werden aufgefordert, hierzu im Bedarfsfall notariellen Rat einzuholen.

An welchen Stellen ist der Text in Leichter Sprache ausführlicher als der Ausgangstext?

- Im Unterschied zum Ausgangstext, in dem die Motivation des Gesetzgebers für die gesetzliche Erbfolge erläutert wird, enthält der Leichte-Sprache-Text Erläuterungen, was gesetzliche Erbfolge überhaupt ist.
- Auch weitere Wörter werden erläutert: *erben, Testament, handschriftlich.*
- Außerdem enthält der Textausschnitt in Leichter Sprache, anders als der Ausgangstext, ein Beispiel für ein vollständiges Testament.

Sind Sie mit den Entscheidungen der Übersetzer(innen) bezüglich der Informationsauswahl einverstanden?

- [individuelle Lösung]

Hätten Sie anders entschieden und wenn ja, an welchen Stellen und wie?

- [individuelle Lösung]

Aufgabe 66: Textsorten

	Rechts-broschüre	Medizin-broschüre	Nach-richten-text
Fremdwörter	–	+	–
Fachwörter	+	+	–
Nominalgefüge	+	+	+
Passiv	+	+	+
indirekte Rede (Konjunktiv)	–	–	+
Potenzialis/ Irrealis (Konjunktiv)	+	–	+
Präteritum/ Plusquam-perfekt	–	–	+

Aufgabe 67: Zusammenfassung schreiben

1. **Schritt: Markierung von Schlüsselwörtern:**
   Wenn es schwer für Sie ist, mit Ihrer Familie oder Ihren Freunden über alles zu reden, sprechen Sie Ihren behandelnden Arzt an. Dieser wird Ihnen helfen, eine Person in Ihrer Nähe zu finden, mit der Sie sprechen können, wie z. B. einen Sozialarbeiter, Berater oder Psychologen. Es gibt Menschen, die täglich mit PAH zu tun haben und Ihnen mit Rat und Tat zur Seite stehen können. Patientenorganisationen können eine große Unterstützung sein und Ihnen Zuversicht verleihen, indem sie Ihnen bei allen Aspekten des täglichen Lebens beistehen. Die Kontaktinformationen zu einer Patientenorganisation in Ihrer Nähe finden Sie weiter hinten in dieser Broschüre.

2. **Schritt: Zusammenfassung schreiben:**
   Sie können sich Hilfe holen:
   - Bei Ihrem Arzt.
   - Oder bei einem Psychologen.
   - Oder bei einer Patienten·organisation.

   (eigene Übersetzung)

Aufgabe 68: Textuelle Wiederaufnahme

a. Rostock (dpa/mv) – Im Prozess um den tödlichen Massenunfall im Sandsturm bei Rostock im April 2011 ist ein 53-jähriger Lkw-Fahrer wegen fahrlässiger Tötung zu einer Geldstrafe von 3 600 Euro verurteilt worden. Der Richter sah es am Dienstag als erwiesen an, dass der Lastwagenfahrer den Tod eines Autofahrers mitverursacht hat. Er sei auf der A 19 zu schnell in die Sandwolke hineingefahren und mit einem vor ihm fahrenden Lastwagen zusammengestoßen. Dadurch sei der vordere Lkw in das Fahrzeug eines Ehepaares geschoben worden. Der Ehemann starb, die Frau wurde schwer verletzt. Die Staatsanwaltschaft hatte dem Lasterfahrer vorgeworfen, das Sichtfahrgebot verletzt zu haben. Das Urteil ist noch nicht rechtskräftig.

b. Begründung für die Wiederaufnahmeverfahren: Mit dem Personalpronomen *(er, ihm)* wird der Lkw-Fahrer weitergeführt, wenn es um eng verbundene Inhalte geht und wenn eine Verwechslung mit anderen Personen *(der Richter, der Ehemann)* im Text ausgeschlossen ist. Ansonsten wird eine neue Bezeichnung gewählt *(Lastwagenfahrer, Lasterfahrer)*. Dabei stehen stilistische Erwägungen im Vordergrund: *variatio delectat* (Abwechslung erfreut).

Aufgabe 69: Personenbezeichnungen

Die Frau, um die es im Erbrechtstext geht, wird als *Witwe* und als *Erblasserin* bezeichnet. Dabei handelt es sich nicht um eine konkrete Person. Wir haben es vielmehr mit abstrakten Rollenträgerbezeichnungen zu tun. Hier bietet es sich deshalb an, Eigennamen einzusetzen. Die in den Rollenträgerbezeichnungen enthaltenen Bedeutungen können in eigenen Sätzen eingebracht werden:
Witwe → Otto und Helga sind verheiratet. Otto stirbt; Erblasserin → Helga stirbt. Wer bekommt die Sachen von Helga?

Der Mann, um den es im Nachrichtentext geht, wird wahlweise als *Lkw-Fahrer*, als *Lasterfahrer* und als *Lastwagenfahrer* bezeichnet. Eine Namengebung wie im Erbrechtstext ist hier nicht möglich, weil es sich um eine konkrete Person, nicht um eine Rolle handelt.

Für die drei infrage kommenden Bezeichnungen ergeben sich folgende Häufigkeitsklassen (s. dazu S. 17): *Lkw-Fahrer* = 13, *Lasterfahrer* = 17, *Lastwagenfahrer* = 14. Deshalb sollte hier *Lkw-Fahrer* gewählt werden.

Hinweis: Wenn Personen- oder Gegenstandsbezeichnungen im Text weiter angereichert sind, bietet es sich meistens an, diese Informationen in einem eigenen Satz einzuführen: *ein 53-jähriger Lkw-Fahrer → Der Lkw-Fahrer ist 53 Jahre alt.* Dieses Verfahren führt allerdings dazu, dass sich die Textmenge erhöht.

Aufgabe 70: Zwischenüberschriften setzen

Wer bekommt meine Sachen nach meinem Tod?
Haben Sie schon einmal bedacht, was mit Ihrem Vermögen geschieht, wenn Sie nicht mehr sind? Wer das Einfamilienhaus bekommt, den Hausrat, das Auto, das Sparbuch?

Wann sollte ich ein Testament machen?
Sagen Sie nicht: »Dafür bin ich noch zu jung!« Auch wenn Sie gute Aussichten haben, noch lange zu leben, es kann Ihnen doch jeden Tag etwas zustoßen. Auch der jüngere Mensch sollte überlegen, ob sein Besitz nach seinem Tode so vererbt wird, wie er es für richtig hält.

Was sagt das Gesetz über das Erben?
Im Bürgerlichen Gesetzbuch (BGB) ist festgelegt, wer einen Verstorbenen (den »Erblasser«) beerbt, wenn ein Testament (oder ein Erbvertrag) nicht vorhanden ist.

Aufgabe 71: Einrückungen und Gliederungssignale analysieren

Die Aufzählung steht anstelle einer Reihung im Ausgangstext, in der die Symptome von PAH aufgezählt wurden. In Leichter Sprache werden sie übersichtlich in Listenform präsentiert.

Die zusätzlich eingerückten Textteile enthalten Beispiele für Auslöser von Atemnot.

Aufgabe 72: Optische Gliederung

Diese Lebens·mittel sind gut für Sie:
- Obst.
- Gemüse.
- Vollkorn·produkte.
  Vollkorn·produkte sind zum Beispiel:
  Vollkorn·brot.
  Vollkorn·nudeln.
  Oder Vollkorn·reis.
- Fisch ist auch gut.
- Und Fleisch.
  Das Fleisch darf aber **nicht** zu fettig sein.
  Essen Sie zum Beispiel: Huhn.

Diese Lebens·mittel sind schlecht für Sie:
- Salz. [...]
- Fertig·gerichte.
  Fertig·gerichte können Sie
  im Super·markt kaufen.
  Fertig·gerichte müssen Sie zu Hause
  nur warm machen.
  Zum Beispiel: Pizza.
  Oder Suppe aus der Dose.
  Das geht einfach.
  Und schnell.
  Aber in Fertig·gerichten ist oft viel Salz.
  Deshalb sind Fertig·gerichte
  schlecht für Sie.

(PAH-L, S. 20–22, s. auch Anhang 2)

Anmerkung: Der Ausgangstext beginnt mit den zu vermeidenden Lebensmitteln. In der Übersetzung sind die positiven Ernährungstipps nach vorn gestellt worden, weil hier die Information über das, was zu tun ist, wichtiger ist als die Information darüber, was zu lassen ist. Im Sinne der Brückenfunktion Leichter Sprache könnte aber erwogen werden, die Informationsreihenfolge umzukehren. Im Ausgangstext ist von *magerem Fleisch* die Rede. Obwohl Negation in Leichter Sprache dosiert eingesetzt werden soll, wurde dies in der Leichte-Sprache-Fassung mit ***nicht** zu fettig* wiedergegeben. Der Grund ist, dass *mager* sich in seiner Erstbedeutung auf (menschliche) Proportionen bezieht; die Bedeutung »fettarm« ist eine Nebenbedeutung. *Fettig* ist darum eindeutiger; die Negation ist in Kauf zu nehmen. Es wird deutlich, dass sich hier zwei Leichte-Sprache-Regeln widersprechen: Wählen der zentralen Wortbedeutung und Vermeidung von Negation. Dies ist im Übersetzungsalltag häufig der Fall.
Übersetzer(innen) müssen hier ihre Expertise einbringen und abwägen.

Aufgabe 73: Den Text an die Adressatenschaft anpassen

1. Anpassung für Personen mit geistiger Behinderung:

a. Informationsauswahl:
- Bei dieser Adressatenschaft liegt neben der sprachlichen auch eine kognitive Einschränkung vor.
- Es müssen wenige und zentrale Informationen ausgewählt werden.
- Der Text sollte insgesamt eher kürzer werden als der Ausgangstext.

b. Mediale Aufbereitung:
- Viele Personen mit geistiger Behinderung sind Nichtleser. Darum wäre eine zusätzliche Aufbereitung als Audiodatei sinnvoll.
- Wenn der Text online bereitgestellt wird, kann die Datei auf derselben Seite eingebunden sein (per Tabstopp ansteuerbar).
- Bei einer Printfassung können Sie einen QR-Code bereitstellen.

2. Anpassung für Personen mit prälingualer Hörschädigung

a. Informationsauswahl:
- Die Adressatenschaft ist nicht geistig behindert und kann damit auch komplexe Textgegenstände erfassen, sofern sie sprachlich leicht genug sind.
- Der Text kann daher weitgehend informationskonstant übersetzt werden.
- Er wird damit länger als der Ausgangstext.

b. Mediale Aufbereitung:
- Idealerweise sollte der Text zusätzlich in Form eines Gebärdensprachvideos angeboten werden, das Sie entweder auf der Seite einbinden oder, bei einer Veröffentlichung im Print, per QR-Code zur Verfügung stellen.
- Die Gebärdensprachfassung kann auf der Grundlage des Leichte-Sprache-Texts erstellt werden.

3. Anpassung für Personen mit Deutsch als Zweitsprache, die erst seit kurzer Zeit Deutsch lernen

a. Informationsauswahl:
- Die Adressatenschaft ist nicht geistig behindert und kann damit auch komplexe Textgegenstände erfassen, sofern sie sprachlich leicht genug sind.
- Der Text kann daher weitgehend informationskonstant übersetzt werden.
- Er wird damit länger als der Ausgangstext.

b. Mediale Aufbereitung
- Für die Printfassung greifen weniger Beschränkungen als bei anderen Teilen der Leichte-Sprache-Leserschaft. Sie sind in der Gestaltung darum relativ frei. Die Schrift sollte trotzdem groß genug sein.
- Der Text kann zusätzlich als Audiofassung zur Verfügung gestellt werden. Ideal ist eine animierte Fassung, bei der jeweils die Textzeile grafisch hervorgehoben wird, die gerade vorgelesen wird.

Aufgabe 74: Text für eine mündliche Beratungssituation optimieren

Folgen für den Inhalt:
- Es können sämtliche Inhalte wiedergegeben und umfassend erläutert werden. Ein Zuwachs des Textvolumens stellt kein Problem dar, weil der Arzt oder die Ärztin selektiv auf die Informationen zugreift.
- Weil eine Beratungssituation interaktiv angelegt ist, benötigen Mittler(innen) eher einen Baukasten, in dem die Informationen gebündelt präsentiert werden, um flexibel auf die kommunikativen Bedürfnisse Ihrer Patient(innen) eingehen zu können.
- Der Inhalt muss also nicht als durchlaufender Text wiedergegeben werden: Möglicherweise ist ein Glossar hilfreicher (Symptome, Schweregrade der Erkrankung, Informationen zur Lebensplanung, Kontaktadressen sowie weitere Informationen über die Krankheit). Da hier der Experte oder die Expertin auf das Glossar zugreift, treten die Nachteile dieser Darbietungsform zurück; selbst eine alphabetische Sortierung ist möglich.

Folgen für die Präsentationsform:
- Der Text kann beispielsweise als alphabetisch sortiertes Kartensystem in einem Kasten zur Verfügung gestellt werden, bei dem einzelne Karten herausgezogen und in der Beratungssituation von Arzt/Ärztin und Patient/Patientin gemeinsam angeschaut werden.
- Dafür sollte ein handliches Format und eine stabile Papierqualität gewählt werden.
- Das Material sollte reich bebildert sein. Die Bezüge zwischen Text und Bildern müssen nicht von der Leichte-Sprache-Adressatenschaft hergestellt werden, sondern werden vom Arzt oder von der Ärztin etabliert (z. B. durch den Einsatz von Zeigegesten). Die Gestaltung ist damit freier als bei Texten, die für die eigenständige Lektüre gedacht sind.

Aufgabe 75: Audiofassung planen

- Ein recht großer Teil der Adressatenschaft profitiert von einer Audiofassung, darum sollte eine solche erwogen werden.
- Liest ein Sprecher / eine Sprecherin den Text vor, so fügt er oder sie dem Text durch die stimmliche Gestaltung Informationen hinzu. Der Text wird dadurch leichter verständlich. Das ist bei Automatenstimmen nicht bzw. nur in extrem begrenztem Maße (und entlang der Satzzeichen) der Fall.
- Der Screenreader muss aber möglicherweise zum Einsatz kommen, wenn der betreffende Text sehr oft geändert wird, denn dann wäre immer wieder das Einsprechen neuer Audiofassungen nötig.

Aufgabe 76: Schriftarten

- Die Verwendung einer Serifenschrift schließt einen Teil der Leser(innen), die Ihr Auftraggeber mit dem Leichte-Sprache-Angebot erreichen will, aus; anderen erschwert sie den Zugang zu Informationen.
- Serifenschriften sind für schwache Leser(innen) weniger geeignet als serifenlose Schriften.
- Eine barrierefreie Internetpräsenz bezieht sich auch auf die visuelle Gestaltung der Texte.
- Infrage kommen u. a. Century Gothic, ITC Avant Garde Gothic, Tw Cen MT.

Aufgabe 77: Tortendiagramm

- Tortendiagramme erfordern ein Mindestmaß an abstraktem Denken sowie entsprechendes Wissen über abstrahierende Darstellungsformen.
- Das Verständnis von Tortendiagrammen kann manche Leser(innen) von Leichte-Sprache-Texten an ihre Grenzen bringen. Die Informationen sollten darum immer auch in alternativer Form – als Text – vorhanden sein.

Aufgabe 78: Funktion von Personenabbildungen

a. Die Justizministerin schaut die Leser(innen) direkt und freundlich an. Der Inhalt wirkt dadurch nahbarer, außerdem bürgt die Justizministerin für die Qualität des Inhalts. Hinzu kommt, dass die Justizministerin die Leser(innen) in Leichter Sprache anspricht: Sie steht zum Konzept der barrierefreien Umsetzung.

b. Mit Personenabbildungen werden abstrakte bürokratische Zusammenhänge personalisiert und damit konkretisiert. Abbildungen konkreter Ansprechpersonen senken die Hürden für die persönliche Kontaktaufnahme.

Aufgabe 79: Symbole

Das Problem ist in der Broschüre nicht gelöst: Auch in der Leichte-Sprache-Übersetzung der Broschüre findet sich diese Abbildung. Die Wahrung eines Zusammenhangs zwischen standardsprachlichem Ausgangstext und Zieltext in Leichter Sprache wurde hier höher eingestuft als die Zugänglichkeit des Bilds. Damit wird die Brückenfunktion gestärkt: Ein Hin- und Herspringen zwischen Ausgangs- und Zieltext wird erleichtert.

Um auch die Partizipationsfunktion zu stärken, wäre es möglich gewesen, die Symbole in einem ausgelagerten Glossar zu erläutern.

Aufgabe 80: Fehlende Bilder

Gerade bei Unfällen wäre es sehr hilfreich, z. B. Zeichnungen zum Unfallablauf oder Fotos vom Unfallgeschehen beizufügen. Ob eine solche Bebilderung möglich ist, ist immer auch vom Projektbudget abhängig:

- Die Bilder müssen herausgesucht oder erstellt werden.
- Die Bild-Text-Relation muss gestaltet werden.
- Die Bildnutzung muss bezahlt werden.

Die Verwendung von Bildern ist insgesamt aufwendig und teuer.

Aufgabe 81: Bilder zur Erleichterung des Verstehens

Hilfreich für die Leser(innen) des Leichte-Sprache-Textes könnten sein:

- Bild eines Sandsturms (Foto)
- Zeitstrahl zur Verdeutlichung der chronologischen Abfolge
- Foto oder Skizze des Unfallortes

Aufgabe 82: Bilder als Leitsysteme

a. Funktion der Bilder:
   Die Bilder in der PAH-Broschüre zeigen Textthemen, funktionieren also ähnlich wie die damit verbundenen Überschriften.
b. Verwendung der Bilder im Leichte-Sprache-Text:
   Geeignet in dieser Funktion sind ikonische Abbildungen, also solche, bei denen das Abbild Ähnlichkeit mit dem Abgebildeten aufweist, hier: Essen und Kinderwagen. Allerdings sollten diese Bilder für Zieltextleser(innen) möglichst ohne Zierelemente auskommen (z. B. ohne Spiegelungen). Nicht geeignet für Leichte-Sprache-Leser(innen) sind die beiden anderen Abbildungen: Sie weisen keine direkt erkennbare Ähnlichkeit mit dem Abgebildeten (Ziele setzen / Umgang mit Müdigkeit) auf und sind deshalb eher ablenkend als unterstützend.
   Für die Übersetzung der PAH-Broschüre in Leichte Sprache wurde übrigens die Entscheidung getroffen, auf die Bilder gänzlich zu verzichten (s. Anhang 2).

Aufgabe 83: @-Zeichen

Lösungsvorschlag 1:

> Es gibt auch eine Selbst·hilfe·gruppe
> für Patienten mit PAH.
>
> Sie möchten der Selbst·hilfe·gruppe
> einen Brief schreiben?
> Dann schreiben Sie Ihren Brief an:
> Tobias Bauer
> Reuterweg 21, 1120 Wien
>
> Sie können der Selbst·hilfe·gruppe auch
> eine E-Mail schreiben.
> Die E-Mail-Adresse von der Selbst·hilfe·gruppe
> ist:
> info@selbsthilfegruppe-pah.at
>
> Sie können die Selbst·hilfe·gruppe auch anrufen
> Dann nehmen Sie diese Telefon·nummer:
> 01-2345678
>
> Die Selbst·hilfe·gruppe hat auch eine Seite
> im Internet.
> Auf der Seite im Internet bekommen Sie
> wichtige Informationen über PAH.
> Die Adresse von der Internet·seite ist:
> www.selbsthilfegruppe-pah.at
>
> (eigene Übersetzung)

Lösungsvorschlag 2:

> Sie können mit der Selbst·hilfe·gruppe PAH
> sprechen:
> Ihr Ansprech·partner ist Tobias Bauer
> – Adresse: Reuterweg 1, 1120 Wien
> – E-Mail-Adresse:
> info@selbsthilfegruppe-pah.at
> – Seite im Internet:
> www.selbsthilfegruppe-pah.at
> – Telefon·nummer: 01-2345678
>
> (eigene Übersetzung)

Aufgabe 84: Übersetzungsauftrag

[individuelle Lösung]

Aufgabe 85: Übersetzungsreflexion

[individuelle Lösung]

Anhang

Anhang 1

Auszug aus der Informationsbroschüre »Erbrecht. vererben – erben« (Niedersächsisches Justizministerium)

Ausgangstext

Vorsorge für den späteren Erbfall

Die gesetzliche Erbfolge gilt für alle Fälle, in denen ein Testament (oder ein Erbvertrag) nicht vorhanden ist. Sie beruht auf den allgemeinen Vorstellungen darüber, an wen das Vermögen von Verstorbenen gerechterweise fallen sollte. Die Besonderheiten des einzelnen Falles, vor allem aber die Wünsche der einzelnen Erblasserin oder des einzelnen Erblassers, können dabei natürlich nicht berücksichtigt werden.

Wenn Sie andere Vorstellungen über den späteren Verbleib Ihres Vermögens haben, als es sich nach der gesetzlichen Erbfolge ergibt, dann sollten Sie auf jeden Fall Vorsorge treffen. Sie können das vor allem dadurch tun, dass Sie ein Testament errichten oder einen Erbvertrag schließen.

Wer ein **Testament** macht, bestimmt darin einseitig über den späteren Übergang seines Vermögens. In den meisten Fällen wird dies das richtige Mittel der Vorsorge sein.

Es gibt aber auch Fälle, in denen es besser ist, einen **Erbvertrag** zu schließen. Auch hierbei verfügt die Erblasserin oder der Erblasser über den Übergang seines Vermögens.

Der Unterschied ist der, dass man beim Erbvertrag gegenüber dem Vertragspartner eine Bindung eingeht, von der man sich im Normalfall nicht wieder lösen kann. Wenn etwa eine Geschäftsinhaberin ihren Neffen zum Alleinerben machen will und der Neffe schon jetzt im Geschäft mitarbeiten soll, wird ein Erbvertrag zweckmäßig sein. Der Neffe kann sich dann darauf verlassen, dass er Erbe wird.

Ein **Erbvertrag** kann nur notariell geschlossen werden. Lassen Sie sich deshalb von einer Notarin oder einem Notar beraten, wenn dieser Weg für Sie in Betracht kommt.

Ein **Testament** können Sie selbst schreiben, oder Sie können es notariell beurkunden lassen.

Im Bereich des **Höferechts** kann der Hoferbe durch Testament oder Erbvertrag bestimmt werden. Oft empfiehlt es sich, den Hof im Wege der vorweggenommenen Erbfolge bereits zu Lebzeiten zu übergeben und im Übergabevertrag die Abfindung der »weichenden Erben« zu regeln. Der Übergabevertrag muss dann vom Landwirtschaftsgericht, einer Abteilung des Amtsgerichts, genehmigt werden.

Privatschriftliches Testament

Wenn Sie nicht eine Notarin oder einen Notar in Anspruch nehmen wollen, dann müssen Sie das Testament **selbst mit der Hand schreiben** und **unterschreiben**. Dies ist außerordentlich wichtig. Auch den Text müssen Sie von Anfang bis Ende selbst schreiben. Sie dürfen ihn nicht von jemand anderen schreiben lassen und Sie dürfen ihn auch nicht mit der Schreibmaschine oder dem PC schreiben. Wenn Sie das nicht beachten, ist das Testament ungültig. Auch Ort und Datum sollten Sie handschriftlich angeben. Damit keine Verwechslungen möglich sind, sollten Sie mit Vornamen und Familiennamen unterschreiben.

(ERB-A, S. 16–17)

Übersetzung in Leichte Sprache

Wie verteile ich mein späteres Erbe nach meinen Wünschen?
Sie haben **kein** Testament.
Und Sie haben **keinen** Erb·vertrag.
Dann können Sie **nicht** über Ihr Erbe entscheiden.
Dann entscheidet die gesetzliche Erb·folge.
Das heißt:
    Das Gesetz entscheidet.
Das Gesetz sagt:
Ihre Familie erbt.
Und Ihr Ehe·partner erbt.
Ihr Ehe·partner ist nämlich auch Familie.
    Das Wort erben bedeutet:
    Ihre Familie bekommt die Sachen von Ihnen.
    Und Ihre Familie bekommt das Geld von Ihnen.
Die Sachen von Ihnen werden gerecht aufgeteilt.
Und das Geld von Ihnen wird gerecht aufgeteilt.

Wichtig!
Sie möchten die gesetzliche Erb·folge **nicht?**
Sie möchten selbst über Ihr Erbe entscheiden?
Dann schreiben Sie ein Testament.

Das Testament
Ein Testament ist ein Blatt Papier.
Auf das Papier schreiben Sie Ihre Entscheidungen.
Es gibt verschiedene Testamente.
    Es gibt das privat·schriftliche Testament.
    Und es gibt das notarielle Testament.
    Und es gibt das gemeinschaftliche Testament.

Das privat·schriftliche Testament
Sie können Ihr Testament selbst schreiben.
Dann muss Ihr ganzes Testament hand·schriftlich sein.
Das heißt:
    Sie müssen Ihr ganzes Testament **mit der Hand** schreiben.

Achtung!
Beim privat·schriftlichen Testament
müssen Sie **den ganzen Text selbst schreiben.**
Und Sie müssen das Testament **unterschreiben.**
Und Sie sollen den **Ort** in das Testament schreiben.
Und Sie sollen das **Datum** in das Testament schreiben.
Das ist sehr wichtig.

Im Testament schreiben Sie zum Beispiel:

> Meine Erben sind:
> Meine Tochter Gisela.
> Und mein Sohn Jürgen.
> Gisela und Jürgen erben gleich viel.
> Gisela erbt eine Hälfte.
> Und Jürgen erbt die andere Hälfte.
> Gisela bekommt die Spar·bücher.
> Und den Schmuck.
> Jürgen bekommt das Haus.
> Mein Neffe Jens bekommt meine goldene Uhr als Vermächtnis.
> Hannover, den 1. Januar 2014
> *Otto Müller*

Sie müssen alle Hinweise beachten.
Nur dann gilt das privat·schriftliche Testament.

(ERB-L, S. 26–28, leicht abgewandelt)

Anhang 2

Auszug aus der Patientenbroschüre »Was ist pulmonal-arterielle Hypertonie (PAH)?« (Actelion)

Ausgangstext

ERNÄHREN SIE SICH GESUND

Da jeder Mensch einzigartig ist, gibt es keine spezielle Ernährung, die dabei helfen könnte, PAH-Symptome zu reduzieren. Wie für jeden Menschen ist es auch für Sie wichtig, normal und gesund zu essen, um immer ausreichend mit Energie versorgt zu sein. Sie sollten versuchen, ein gesundes Gewicht zu erreichen und zu halten. Wenn Sie bei sich eine signifikante Gewichtsabnahme oder -zunahme beobachten, informieren Sie Ihren Arzt.

Ihr Arzt und die Sie betreuenden Fachkräfte können Ihnen eventuell mit Tipps wie den folgenden helfen, eine gesunde Ernährung einzuhalten:

- Achten Sie auf eine salzfreie Ernährung (Salzzufuhr führt zur Einlagerung von Wasser, die bei Ihnen bestehende Schwellungen oder Ödeme verschlimmern kann)
- Meiden Sie abgepackte und fertig zubereitete Lebensmittel oder Mahlzeiten, da diese häufig einen hohen Salz-, Fett- und Zuckergehalt haben
- Essen Sie mehrere kleinere Mahlzeiten
- Essen Sie Obst, Gemüse und Vollkornprodukte
- Essen Sie Fisch und mageres Fleisch, wie z. B. Huhn

Wenn Sie Alkohol trinken, dann nur in Maßen. Einige Lebensmittel und Getränke können Auswirkungen auf Medikamente haben. Deshalb halten Sie bitte mit Ihrem Arzt Rücksprache, ob es irgendetwas gibt, das Sie meiden sollten.

[...]

WIE SIE MIT MÜDIGKEIT UMGEHEN

Ein häufiges Symptom der PAH kann sehr starke Müdigkeit sein. Dies wird durch eine verminderte Sauerstoffversorgung im Körper verursacht und fühlt sich anders an als Erschöpfung oder Schlafmangel. Es ist wichtig, dass Sie Ihren Körper kennenlernen und die von ihm ausgesendeten Signale verstehen. So können Sie sich ausruhen, wann immer Ihr Körper danach verlangt.

Sie werden feststellen, dass bestimmte Aktivitäten, Tageszeiten oder bestimmte Emotionen wie Stress oder Angst bei Ihnen tendenziell Müdigkeit auslösen.

Sie sollten sich regelmäßig Notizen machen oder ein Tagebuch führen und auflisten, wenn Sie sich besonders müde gefühlt haben. Sie werden feststellen, dass bestimmte Aktivitäten, Tageszeiten oder bestimmte Emotionen wie Stress oder Angst bei Ihnen tendenziell Müdigkeit auslösen. Ein Tagebuch kann Ihnen dabei helfen, zu erkennen, wann Sie sich am besten fühlen und welche Aktivitäten Sie die meiste Energie kosten. Dadurch können Sie sich an die jeweiligen Situationen anpassen und sowohl Ihre Alltagsaktivitäten als auch größere Ereignisse in Ihrem Leben planen und durchführen.

(PAH-A, S. 12, 14)

Auszug aus der Patientenbroschüre »Leben mit pulmonal arterieller Hypertonie. Patienteninformation in Leichter Sprache« (Klarigo – Verlag für Patientenkommunikation)

Übersetzung in Leichte Sprache

Ernähren Sie sich gesund

Bei PAH ist eine gesunde Ernährung wichtig.
Das bedeutet:
Sie essen gesunde Sachen?
Dann fühlen Sie sich besser.
Sie möchten wissen:

- Welche Lebens·mittel sind gut für mich?
- Und welche Lebens·mittel sind schlecht für mich?

Dann lesen Sie den Text weiter.

Diese Lebens·mittel sind gut für Sie:

- Obst.
- Gemüse.
- Vollkorn·produkte.
  Vollkorn·produkte sind zum Beispiel:
  Vollkorn·brot.
  Vollkorn·nudeln.
  Oder Vollkorn·reis.
- Fisch ist auch gut.
- Und Fleisch.
  Das Fleisch darf aber **nicht** zu fettig sein.
  Essen Sie zum Beispiel: Huhn.

Diese Lebens·mittel sind schlecht für Sie:

- Salz.
  Sie möchten wissen:
  Warum ist Salz schlecht für mich?
  Das erklären wir Ihnen:
  Salz hält Wasser in Ihrem Körper fest.
  Dieses Wasser wird in Ihrem Körper gelagert.
  Zum Beispiel:
  In Ihren Armen.
  Oder in Ihren Beinen.
  Dann können Ihre Arme anschwellen.
  Oder Ihre Beine.
  Ihr Arzt sagt dazu:
  »Sie haben Ödeme.«
  Mit Ödemen fühlen Sie sich schlechter.
  Deshalb sollen Sie nur sehr wenig Salz essen.
- Fertig·gerichte.
  Fertig·gerichte können Sie im Super·markt kaufen.
  Fertig·gerichte müssen Sie zu Hause
  nur warm machen.
  Zum Beispiel: Pizza.
  Oder Suppe aus der Dose.
  Das geht einfach.
  Und schnell.
  Aber in Fertig·gerichten ist oft viel Salz.
  Deshalb sind Fertig·gerichte schlecht für Sie.
  Kochen Sie lieber selbst.
  Vielleicht möchte Ihre Familie mit Ihnen kochen.
  Oder Sie fragen Ihre Freunde.
  So macht das Kochen mehr Spaß.
- Alkohol.
  Sie möchten wissen:
  Warum ist Alkohol schlecht für mich?
  Das erklären wir Ihnen:
  Alkohol ist schlecht für Ihre Medikamente.
  Mit Alkohol wirken Ihre Medikamente
  nämlich **nicht** richtig.
  Dann werden Ihre Symptome schlimmer.
  Deshalb sollen Sie am besten
  keinen Alkohol trinken.
  Oder nur ganz wenig.
  Fragen Sie Ihren Arzt.

Beobachten Sie Ihren Körper ganz genau:

- Wiegen Sie jetzt viel weniger?
- Oder viel mehr?

Dann sprechen Sie mit Ihrem Arzt.

[...]

Ruhen Sie sich aus

Vielleicht werden Sie sehr oft müde.
Und Sie möchten wissen:

- Warum werde ich so oft müde?
- Warum werde ich schneller müde
  als andere Menschen?

Das erklären wir Ihnen.

Sie wissen jetzt:
Bei PAH ist die Lunge krank.
Deshalb werden Sie oft müde.
Hören Sie genau auf Ihren Körper:

- Fühlen Sie sich müde?

Dann ruhen Sie sich aus.
So bekommt Ihr Körper neue Kraft.

(PAH-L, S. 19–23, 25)

Anhang 3

dpa-Meldung »Massenkarambolage im Sandsturm«

Ausgangstext

Massenkarambolage im Sandsturm: Geldstrafe für Lkw-Fahrer

Massenkarambolage im Sandsturm: Geldstrafe für Lkw-Fahrer

Rostock (dpa/mv) – Im Prozess um den tödlichen Massenunfall im Sandsturm bei Rostock im April 2011 ist 53-jähriger Lkw-Fahrer wegen fahrlässiger Tötung zu einer Geldstrafe von 3 600 Euro verurteilt worden. Der Richter sah es am Dienstag als erwiesen an, dass der Lastwagenfahrer den Tod eines Autofahrers mitverursacht hat. Er sei auf der A 19 zu schnell in die Sandwolke hineingefahren und mit einem vor ihm fahrenden Lastwagen zusammengestoßen. Dadurch sei der vordere Lkw in das Fahrzeug eines Ehepaares geschoben worden. Der Ehemann starb, die Frau wurde schwer verletzt. Die Staatsanwaltschaft hatte dem Lasterfahrer vorgeworfen, das Sichtfahrgebot verletzt zu haben. Das Urteil ist noch nicht rechtskräftig.

Die Verhandlung war nötig geworden, weil der 53-Jährige einem Strafbefehl widersprochen hatte. Darin war er zu sieben Monaten Haft auf Bewährung verurteilt worden. Zu diesem Zeitpunkt war die Staatsanwaltschaft noch von einer Alleinschuld des Mannes ausgegangen.

Diese Auffassung konnte in der Hauptverhandlung nicht zweifelsfrei belegt werden, sagte die Staatsanwältin in ihrem Plädoyer. Der Angeklagte hatte die Vorwürfe bestritten und ausgesagt, er habe seine Geschwindigkeit angepasst und sei rechtzeitig zum Stehen gekommen. Sein Fahrzeug sei von einem dritten Lkw in den Lastwagen vor ihm geschoben worden, der wiederum mit dem Auto kollidierte.

Sachverständige der Dekra hatten jedoch im Prozess nachgewiesen, dass die Kollision des dritten Lkw nicht alleine für den Tod des Mannes verantwortlich sein könne. Zudem müsse auch der Angeklagte entgegen seiner Aussage auf seinen Vordermann aufgefahren sein. Anders seien die Schäden an den Fahrzeugen nicht zu erklären.

Der Verteidiger hatte auf Freispruch plädiert. Im Zweifel müsse für den Angeklagten geurteilt werden, da es nicht sicher sei, dass dessen Kollision den Tod des Autofahrers verursacht habe, sagte er in seinem Plädoyer. Der Angeklagte sagte in seinem Schlusswort, dass er den Tod des Mannes und der anderen Unfallopfer bedauere.

Bei der Massenkarambolage im Sandsturm mit 60 Fahrzeugen waren acht Menschen ums Leben gekommen. In einem ersten Prozess war eine Autofahrerin verwarnt und zu einer Geldstrafe von 9 000 Euro auf Bewährung verurteilt worden.

(SAND-A)

NDR-Meldung »Unfall im Sand·sturm: Geld·strafe für Lkw-Fahrer«

Übersetzung in Leichte Sprache

Bei Rostock gab es vor 4 Jahren einen schweren Unfall. Jetzt hat das Gericht einen Lkw-Fahrer verurteilt. Der Lkw-Fahrer ist nämlich zu schnell gefahren.

Unfall im Sand·sturm: Geld·strafe für Lkw-Fahrer
Vor 4 Jahren gab es bei Rostock
einen schweren Verkehrs·unfall.
Jetzt hat das Gericht einen Lkw-Fahrer angeklagt.
Und das Gericht hat den Lkw-Fahrer verurteilt.
Jetzt muss der angeklagte Lkw-Fahrer
eine Geld·strafe bezahlen.

Der Unfall
In dem Prozess ging es um einen Unfall.
Der Unfall war im April 2011.
Der Unfall war auf der A 19.
    Die A 19 ist eine Auto·bahn bei Rostock.
60 Fahrzeuge sind bei dem Unfall kaputt gegangen.
8 Menschen sind bei dem Unfall gestorben.
Und viele Menschen wurden verletzt.

An der Unfall·stelle war ein Sand·sturm.
    Ein Sand·sturm ist eine große Wolke.
    Die Wolke ist aus Staub und Sand.
    Sand·stürme entstehen durch starken Wind.
    Sand·stürme sind in Deutschland sehr selten.
Der angeklagte Lkw-Fahrer ist sehr schnell
in den Sand·sturm gefahren.
Der angeklagte Lkw-Fahrer ist
in einen zweiten Lkw gefahren.
Und der angeklagte Lkw-Fahrer hat
den zweiten Lkw in ein Auto geschoben.
In dem Auto war ein Ehe·paar.
Der Ehe·mann ist bei dem Unfall gestorben.
Die Ehe·frau wurde bei dem Unfall schwer verletzt.

Das Urteil
Der angeklagte Lkw-Fahrer sagt:
    Ich bin **nicht** zu schnell gefahren.
    Ich habe gebremst.
    Aber ein dritter Lkw-Fahrer ist auch
    in die Unfall·stelle gefahren.
    Der dritte Lkw hat meinen Lkw angeschoben.
    Deshalb bin ich in den zweiten Lkw gefahren.
    Und deshalb ist der zweite Lkw-Fahrer
    in das Auto gefahren.

Aber das Gericht sagt:
    Der angeklagte Lkw-Fahrer ist
    zu schnell gefahren.
    Und der angeklagte Lkw-Fahrer hat
    nicht richtig aufgepasst.
    Deshalb hat der angeklagte Lkw-Fahrer
    den Sand·sturm zu spät gesehen.
    Und der angeklagte Lkw-Fahrer hat
    nicht gebremst.
    Deshalb hat der angeklagte Lkw-Fahrer
    eine Mit·schuld an dem Unfall.
    Und der angeklagte Lkw-Fahrer hat
    eine Mit·schuld an dem Tod
    von dem Ehe·mann.
    Das bedeutet:
        Der angeklagte Lkw-Fahrer ist schuld
        an dem Unfall.
        Aber der angeklagte Lkw-Fahrer ist
        nicht allein schuld.
        Auch der dritte Lkw-Fahrer ist schuld.
        Der dritte Lkw-Fahrer ist nämlich auch
        in die Unfall·stelle gefahren.

Der angeklagte Lkw-Fahrer muss jetzt
3 600 Euro bezahlen.
Aber der angeklagte Lkw-Fahrer muss **nicht**
ins Gefängnis.

(SAND-L)

Literatur, Quellen, Internetlinks

Literatur/Regelwerke

BITV 2.0 (2011): Verordnung zur Schaffung barrierefreier Informationstechnik nach dem Behindertengleichstellungsgesetz (Barrierefreie-Informationstechnik-Verordnung – BITV 2.0), BGBl. I S. 1843, geändert durch Art. 5 Abs. 3 des Gesetzes vom 19.07.2016 (BGBl. I S. 1757) (http://www.gesetze-im-internet.de/bitv_2_0/BJNR184300011.html; abgerufen am 24.08.2016).

BMAS (2013): Leichte Sprache. Ein Ratgeber. In Zusammenarbeit mit dem Netzwerk Leichte Sprache (Abdruck der »Regeln für Leichte Sprache« des Netzwerks Leichte Sprache e. V.) (http://www.bmas.de/SharedDocs/Downloads/DE/PDF-Publikationen/a752-ratgeber-leichte-sprache.pdf?__blob=publicationFile; abgerufen am 24.08.2016).

Bredel, Ursula / Maaß, Christiane (2016a): Leichte Sprache. Theoretische Grundlagen – Orientierung für die Praxis, Berlin: Dudenverlag. (= »Grundlagenwerk«).

Bredel, Ursula / Maaß, Christiane (2016b): Ratgeber Leichte Sprache. Alle wichtigen Regeln – Empfehlungen für die Praxis, Berlin: Dudenverlag. (= »Ratgeber«).

Inclusion Europe (2009): Informationen für alle. Europäische Regeln, wie man Informationen leicht lesbar und leicht verständlich macht. Brüssel. (http://easy-to-read.eu/wp-content/uploads/2014/12/DE_Information_for_all.pdf; abgerufen am 24.08.2016).

Maaß, Christiane (2015): Leichte Sprache. Das Regelbuch, Münster: LIT.

Quellen

PAH-A	Actelion (2014): Was ist pulmonal-arterielle Hypertonie (PAH)? (Patientenbroschüre) (http://ruhigatmen.at/uploads/2014/10/patientenbroschuere_2014.pdf; abgerufen am 24.08.2016).
PAH-L	Klarigo (2015): Leben mit pulmonal arterieller Hypertonie. Patienteninformation in Leichter Sprache, Pfungstadt: Klarigo Verlag für Patientenkommunikation.
ERB-A	Niedersächsisches Justizministerium (2013): Erbrecht. vererben – erben. Was Sie über das Erbrecht wissen sollten, 16. Auflage (www.mj.niedersachsen.de/download/8161; abgerufen am 24.08.2016).
ERB-L	Niedersächsisches Justizministerium (2014): Das Erb·recht. vererben – erben. Wichtige Informationen zum Erb·recht in Leichter Sprache. (www.mj.niedersachsen.de/download/89286; abgerufen am 24.08.2016).
SAND-A	dpa (2015): Massenkarambolage im Sandsturm: Geldstrafe für Lkw-Fahrer, Meldung vom 10.11.2015.
SAND-L	NDR (2015): Unfall im Sand·sturm: Geld·strafe für Lkw-Fahrer, Meldung vom 13.11.2015 (http://www.ndr.de/fernsehen/service/leichte_sprache/Unfall-im-Sandsturm-Geldstrafe-fuer-Lkw-Fahrer,nilssandsturm100.html; abgerufen am 24.08.2016).

Internetportale

Duden online:	http://www.duden.de
Wortschatz Universität Leipzig:	http://wortschatz.uni-leipzig.de

Wichtige Links zur Leichten Sprache

Netzwerk Leichte Sprache:	http://leichtesprache.org
Forschungsstelle Leichte Sprache:	http://www.uni-hildesheim.de/leichtesprache
Onlineplattform Hurraki:	http://hurraki.de
Büro für Leichte Sprache der Lebenshilfe Bremen:	http://www.leichte-sprache.de
Bundesvereinigung Lebenshilfe:	https://www.lebenshilfe.de/de/leichte-sprache/index.php